JEWELRY DESIGN HANDBOOK

LE DESIGN DES BIJOUX **I** SCHMUCKDESIGN

JUWEELONTWERP

© 2010 **booQs** publishers bvba
Godefriduskaai 22
2000 Antwerp
Belgium
Tel.: +32 3 226 66 73
Fax: +32 3 226 53 65
www.booqs.be
info@booqs.be

ISBN: 978-94-60650-25-3
WD: D/2009/11978/026
(Q038)

Coordinating Editor: Simone K. Schleifer
Assistant Coordinating Editor: Aitana Lleonart
Editor: Marta Serrats
Editor and Original Texts: Lou Andrea Savoir
Art Direction: Mireia Casanovas Soley
Design and Layout Coordinator: Claudia Martínez Alonso
Layout: Cillero & de Motta
Translation: Cillero & de Motta
Cover photography: Design by Karl Fritsch

Editorial project:

LOFT publications
Via Laietana, 32, 4.º, of. 92
08003 Barcelona, Spain
Tel.: +34 932 688 088
Fax: +34 932 687 073
loft@loftpublications.com
www.loftpublications.com

Printed in China

JEWELRY DESIGN HANDBOOK

LE DESIGN DES BIJOUX | SCHMUCKDESIGN
JUWEELONTWERP

006	Introduction	282	Katheryn Leopoldseder
		292	Katja Prins
010	Agnesmaria Hagg	306	Klaus Bürgel
016	Alison Macleod	316	Leonor Hipólito
022	Andrea Wagner	328	Lin Cheung
034	Anya Kivarkis	338	Lucy Folk
044	Ariane Hartmann	344	Lynne Kirstin Murray
056	Arthur Hash	356	Machteld van Joolingen
068	Beate Klockmann	360	Makri
080	Chao	364	Manon van Kouswijk
090	Christine J. Brandt	372	Marc Monzó
100	Claude Schmitz	378	Mari Ishikawa
112	Constanze Schreiber	390	Nelli Tanner
120	Dinie Besems	400	Nina Ellis
128	Eero	406	Nina Oikawa
140	Ela Bauer	418	PE/AH
152	Elfrun Lach	430	Philip Sajet
160	Evert Nijland	440	Raymond de Zwart
166	Felix Lindner	444	Rita Ruivo
178	Fernando de Blasi	448	Ruudt Peters
184	Francis Willemstijn	456	Sari Liimatta
192	Gijs Bakker	464	Silke Fleischer
200	H. Stern	470	Susan Pietzsch
210	Helen Britton	480	Susanne Klemm
216	Jacomijn van der Donk	488	Susie Ganch
220	Jiri Sibor	500	Svenja John
232	Jiro Kamata	510	Ted Noten
236	Jodi Bloom	520	Terhi Tolvanen
240	Julia deVille	528	Todd Reed
252	Kadri Mälk	538	Txè Aymat
262	Karin Seufert	548	Volker Atrops
274	Karl Fritsch		

Designers tend to use drawing as a tool, as an intelligent device for recording and transimtting information. However, drawing was originally the manifestation of our first attempts to understand the outside world thorugh the fusion of the mind, body, and feelings. And it still is today. Aside from the relation children may later have with this form of expression, as they experiment with different reproductions of their environment and of the objects that arouse their interest, they learn to take possession of the world and give it a personal interpretation, both sensual and conceptual. Drawing is educational and amusing inasmuch as it allows information and feelings to be dealt with at the same time. At a more advanced stage in life, many people, particularly designers, are taught to see drawing in a different, more conceptual, way. They are taught to understand it as a language that must be assimilated in order to be able to achieve effective communication, given that it will be used for professional purposes. Most designers, including jewelry designers, take courses focusing on drawing as an instrument subordinated to their work demands. Draing becomes a preliminary stage, a tool for transimtting design ideas. Some cease to see it as an integral part of the design process, and consider it as a purely communicative system. Nevertheless, for many others, the possibilities it offers for overcoming the limits imposed by reality, one of its essential qualities, makes it a vital instrument for developing both creativity and technical details. This book presents examples of these two ways of seeing drawing. The broad selection of works and the description of different design processes not only illustrate different techniques; they also show the different relationships jewelry designers have with themselves and their profession.

Les designers tendent à utiliser le dessin comme un outil, un dispositif intelligent destiné à enregistrer et transmettre une information. À l'origine, le dessin a représenté la première tentative consciente de l'homme pour essayer de comprendre le monde qui l'entourait en faisant fusionner l'esprit, le corps et les sentiments. Cela est vrai, quelle que soit la manière dont le dessin ait évolué par la suite. Alors que l'enfant joue à créer en utilisant les images de son environnement et des objets qui le composent, il apprend à s'approprier et à définir le monde, sur un plan conceptuel et sensuel. Parce que c'est un moyen de gérer l'information et les sentiments, dessiner est aussi formateur qu'amusant.

Plus tard, la plupart des gens – particulièrement les designers – apprennent à dessiner de façon plus conceptuelle, afin que le dessin devienne un langage de communication efficace et compris par les professionnels. Les créatifs ont pour la plupart appris à subordonner le dessin à leur domaine de création. Il en est de même pour les bijoutiers. Dessiner devient une étape préparatoire, un outil de transmission des idées. Certains abandonneront le dessin dans leur processus artistique pour n'en conserver que la fonction de communication. À l'inverse, une autre des qualités essentielles du dessin est sa faculté d'ignorer les limites de la réalité. Pour beaucoup de designers, il permet de repousser ces limites – devenant un outil essentiel au cœur du développement des idées créatives ou techniques.

Ce livre présente des exemples de ces deux évolutions. La diversité des travaux et des processus de création montre non seulement des techniques de dessins variées, mais aussi les rapports que les bijoutiers entretiennent avec eux-mêmes et avec leur art.

Designer verwenden Zeichnungen normalerweise als Instrument –
wie eine intelligente Vorrichtung zur Aufnahme und Weiterleitung von
Informationen. Die Zeichnung war jedoch ursprünglich der Ausdruck
unserer ersten Versuche, die Außenwelt anhand der Verschmelzung
von Geist, Körper und Gefühlen zu verstehen. Und so ist es auch
weiterhin. Ungeachtet der Beziehung, die ein Kind später, während es
mit verschiedenen Wiedergaben seines Umfelds oder Gegenständen,
die sein Interesse erwecken, experimentiert, zu dieser Ausdruckweise
hat, lernt es, sich die Welt zu eigen zu machen und sie persönlich,
gefühlsmäßig und konzeptuell auszulegen. Zeichnen ist didaktisch und
vergnüglich, weil es den gleichzeitigen Umgang mit Informationen und
Gefühlen ermöglicht. Im fortgeschritteneren Lebensalter wird vielen
Leuten, und insbesondere den Designern, beigebracht, die Zeichnungen
unterschiedlich und konzeptueller zu verstehen. Sie lernen, sie als
Sprache zu begreifen, die assimiliert werden muss, um eine wirksame
Kommunikation zu erzielen – da sie für berufliche Zwecke eingesetzt
wird. Die meisten Kreativen, einschließlich die Schmuckdesigner,
machen Kurse, die sich darauf konzentrieren, die Zeichnung als ein
den Anforderungen ihrer Arbeit untergeordnetes Element anzusehen.
Die Zeichnung wird zu einem vorbereitenden Schritt und zu einem
Werkzeug, das zur Übertragung von Designideen dient. Einige sehen
sie nicht mehr als Bestandteil des Schöpfungsprozesses, sondern
als reines Kommunikationssystem. Doch die Möglichkeit, die sie zur
Überwindung der von der Realität auferlegten Grenzen bietet, d. h.
eine ihrer wesentlichen Eigenschaften, macht sie für viele andere
zu einem wesentlichen Element zur Entwicklung der Kreativität und
der technischen Details. In diesem Buch sind Beispiele dieser beiden
Auffassungen der Zeichnung enthalten. Die breite Auswahl der Werke
und die Beschreibung der verschiedenen kreativen Prozesse zeigen
nicht nur unterschiedliche Techniken, sondern betonen auch die
verschiedenartigen Beziehungen, die die Schmuckdesigner zu sich
selbst und zu ihrem Handwerk haben.

De ontwerpers gebruiken de tekening meestal als een instrument, als een mechanisme om informatie te registreren en over te brengen. Nochtans was de tekening oorspronkelijk de uitdrukking van onze eerste pogingen om de buitenwereld te begrijpen door middel van de fusie van geest, lichaam en gevoelens. En dit blijft ook zo. Afgezien van de relatie dat een kind nadien met deze uitdrukkingsvorm onderhoudt, leert hij zich naarmate hij met verschillende reproducties van zijn omgeving experimenteert, of met de voorwerpen die zijn interesse wekken, de wereld toe te eigenen en er een persoonlijke interpretatie aan te geven, zowel sensueel als conceptueel. Tekenen is in die mate didactisch en leuk dat het ons in staat stelt tegelijkertijd informatie en gevoelens te verwerken. In een latere etappe van het leven, leren veel mensen, en vooral ontwerpers, om tekenen op een andere manier op te vatten, conceptueler. Men leert hen het proces te begrijpen als een taal die aangeleerd moet worden om een efficiënte communicatie te bereiken, aangezien het gebruikt zal worden voor professionele doeleinden. De meeste scheppers, inclusief de juweelontwerpers, volgen cursussen die zich richten op de tekening als een instrument dat ondergeschikt is aan de vereisten van hun werk. De tekening wordt een voorbereidende stap, een werktuig dat dient om ontwerpideeën over te brengen. Sommigen zullen ze niet meer beschouwen als een deel van het creatief proces, en eerder als een zuiver communicatiesysteem. De mogelijkheden die ze echter biedt om de beperkingen die de werkelijkheid oplegt te overbruggen, één van haar belangrijkste kwaliteiten, maakt er voor vele andere, een essentieel instrument van om zowel de creativiteit als de technische details te ontwikkelen. In dit boek worden voorbeelden gegeven van beide manieren om de tekening te begrijpen. De ruime selectie werken en de beschrijving van diverse creatieve processen illustreert niet alleen verschillende technieken maar maakt ook de diverse relaties duidelijk die de juweelontwerpers onderhouden met zichzelf en met hun beroep.

Agnesmaria Hagg

Agnesmaria Hagg was born in Vienna, Austria, in 1980 and grew up in Rome, Lagos (Nigeria) and Paris. She became an apprentice to a Viennese jewelery firm. This experience fed her desire and need to create and led her to the Alchimia School in Florence. She became immersed in the study of the steel sculpture and painting during a semester at the Rhode Island School of Design.

"For me, drawing is an important, colorful and liberating way to immerse myself in my work".

Née à Vienne (1980), Agnesmaria Hagg a grandi à Rome, Lagos (Nigeria) et Paris. Elle entre comme apprentie dans une manufacture viennoise de bijouterie. Cette expérience alimente son désir et son besoin de création et l'amène à intégrer l'école Alchimia, à Florence. Durant un semestre, à l'école de design de Rhode Island, elle se plonge dans l'étude de la sculpture sur acier et de la peinture.

« Dessiner est pour moi un moyen important, coloré et libérateur de me plonger dans mon travail. »

Agnesmaria Hagg wurde 1980 in Wien geboren und ist in Rom, Lagos (Nigeria) und Paris aufgewachsen. Sie machte ihre Ausbildung bei einem Wiener Juwelier. Diese Erfahrung erweckte in ihr den Wunsch und das Bedürfnis, ihre eigenen Stücke zu entwerfen. Ihre Motivation führte sie in die Alchimia Schule in Florenz. Hagg verbrachte außerdem ein Semester an der Rhode Island School of Design in den USA, wo sie ausschließlich mit Stahlskulpturen und Malerei experimentierte.

„Zeichnen ist eine pittoreske, wichtige und befreiende Art den Geist vorzubereiten, um mich in meine Arbeit zu vertiefen."

Agnesmaria Hagg (1980) werd geboren in Wenen en groeide op in Rome, Lagos (Nigeria) en Parijs. Ze werkte als stagiair bij een Weense juwelier en deze ervaring wekte bij haar de wens en behoefte om haar eigen stukken te creëren. Deze motivatie leidde haar naar de Alchimia School, in Florence. Hagg studeerde ook een semester aan de Rhode Island School of Design, in de VS, waar ze uitsluitend met stalen beeldhouwwerken en verf experimenteerde.

«Tekenen is voor mij een pittoreske, belangrijke en bevrijdende manier om mijn geest voor te bereiden en me volledig op mijn werk te storten.»

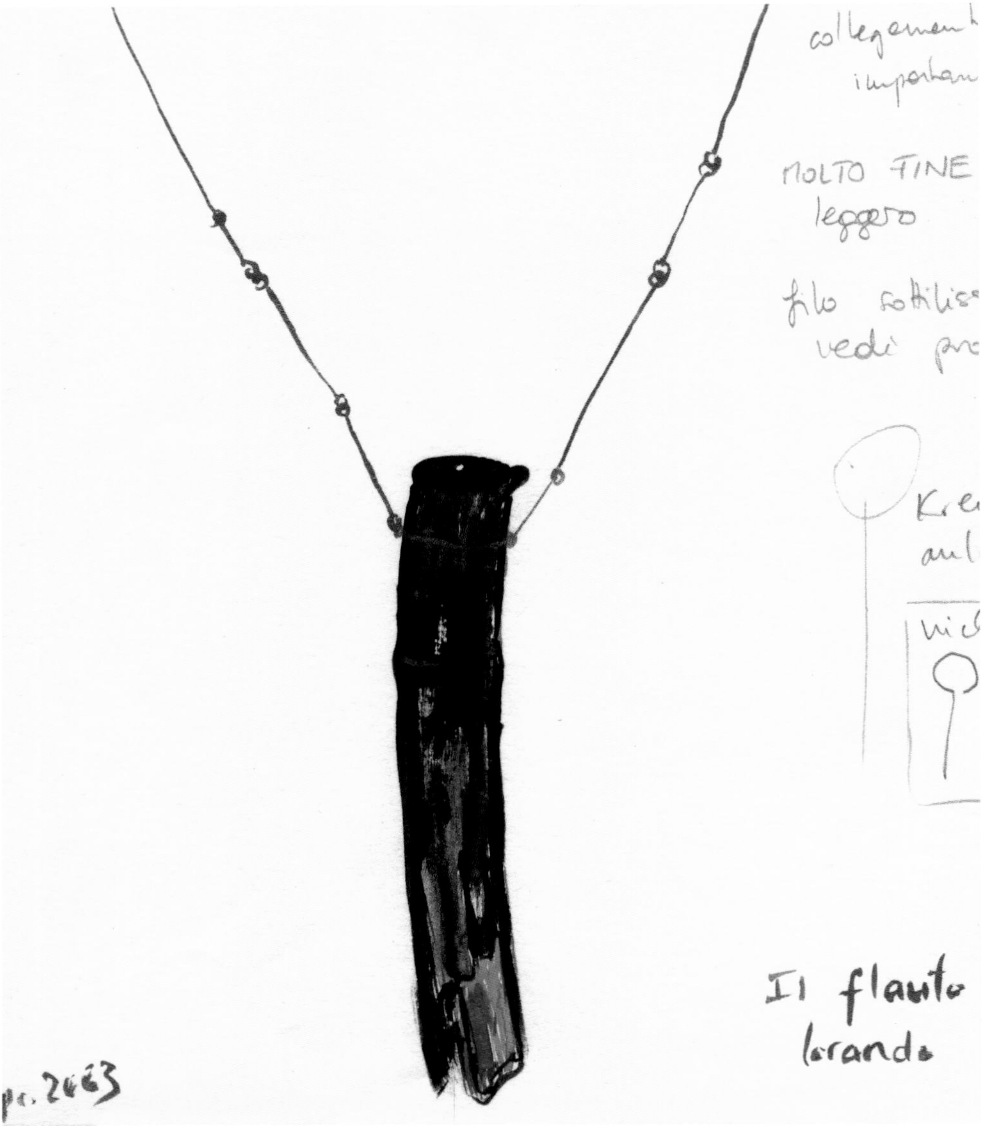

collegament
importan

MOLTO FINE
leggero

filo sotilis
vedi pr

Kre
aul

mic

II flauto
lorando

pc. 2003

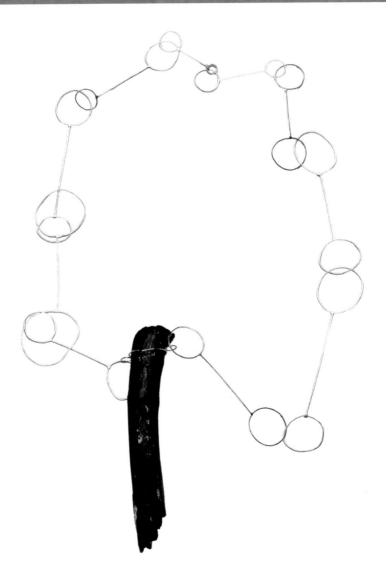

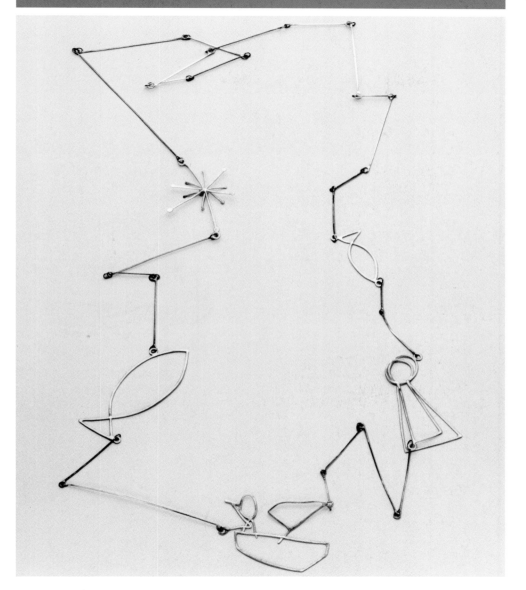

Alison Macleod

Alison Macleod was born in London. She enrolled at the Edinburgh College of Art in the course led by Dorothy Hogg, who works very closely with her students and who stresses technical skill, but without forgetting the importance of a portfolio containing drawings showing brilliance, plus notebooks and paintings. Macleod currently lives and works in Glasgow, where she has her own studio.

"Drawing has always been important for ordering my thoughts. I find it easier to communicate through drawings than words. When I prepare a new project, I make my drawings on large sheets and includes the words that express my thoughts".

Alison Macleod est née à Londres. Elle entre au collège d'art d'Édimbourg et suit les cours de Dorothy Hogg, très proche de ses élèves, qui met l'accent sur l'habileté technique sans pour autant oublier l'importance d'un portfolio contenant des dessins sur le vif, des carnets et des peintures. Aujourd'hui, Macleod vit et travaille à Glasgow, où elle a son propre studio.

« Dessiner a toujours été important pour mettre mes pensées en ordre. Je trouve plus facile de communiquer à travers des dessins qu'avec des mots. Quand je prépare un nouveau travail, je compose mes dessins sur de grandes feuilles et j'y intègre les mots exprimant ma pensée. »

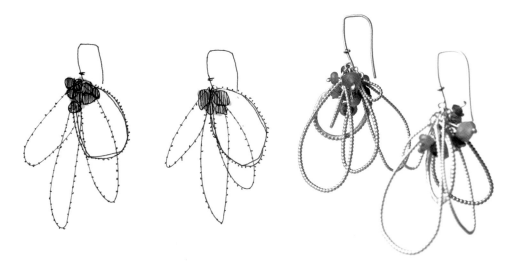

Alison Macleod wurde in London geboren. Sie machte ihre Ausbildung am Edinburgh College of Art unter der Leitung von Dorothy Hogg und schloss sie 2003 mit dem Diplom ab. Ihre Ausbildung zeichnete sich durch die Beziehung mit dem Tutor und die Bedeutung, die den technischen Fähigkeiten beigemessen wurde, aus. Auch ihrem Portfolio als Studentin wurde mit Bewegungszeichnungen, Skizzen und Malerei mindestens genauso viel Wert geschenkt. Zurzeit lebt und arbeitet Macleod in Glasgow, wo sie ihr eigenes Atelier besitzt.

„Für mich war die Zeichnung immer ein wichtiges Werkzeug, um meine Vorstellungen zu ordnen, wie auch eine Art Kommunikation mit anderen. Zeichnen fällt mir leichter als schreiben. Wenn ich neue Werke entwerfe, stelle ich sie auf einem großen Blatt in meinem Heft dar und schreibe meine Gedanken als Teil der Komposition auf."

Alison Macleod werd geboren in Londen. Ze studeerde aan het Edinburgh College of Art, onder begeleiding van Dorothy Hogg, en behaalde in 2003 haar diploma. Haar studies werden gekenmerkt door de relatie met haar mentor en door het belang dat gehecht werd aan de technische vaardigheden, hoewel haar studentenportefeuille, vol natuurtekeningen, schetsen en schilderijen niet minder belangrijk was. Momenteel woont en werkt Macleod in Glasgow waar ze haar eigen studio heeft.

«Ik heb tekenen altijd beschouwd als een belangrijk werktuig om mijn ideeën te ordenen, een manier om met de anderen te communiceren; tekenen is voor mij gemakkelijker dan schrijven. Als ik nieuwe werken schets, doe ik dat op een groot blocnoteblad en schrijf er mijn gedachten bij als deel van de compositie.»

Andrea Wagner

After completing high school, the young Wagner returned to Freiburg, Gemany, where she obtained a degree in economics and started working. She discovered jewelry through evening classes. In 1992, she decided to devote herself to this new activity and started an internship with a Berlin metalsmith before entering the Zeichen Academy in Hanau on a scholarship. From 1994 to 1997 she studied at the Gerrit Rietveld Academie in Amsterdam where she obtained her degree.

"My small drawings are often reminders. Sometimes they help me to find solutions for my work. Often these are two-dimensional starting points for my pieces that ultimately evolve differently; the added dimension and the material itself make it necessary to be flexible enough to adapt the concept of the original design, or even to move away from it".

Après le lycée, elle retourne à Fribourg, décroche un diplôme en économie et commence à travailler. Elle découvre la bijouterie grâce à des cours du soir. En 1992, elle décide de s'investir dans cette nouvelle activité, entreprend un stage auprès d'un orfèvre berlinois puis intègre l'académie Zeichen de Hanau, en tant que boursière. De 1994 à 1997, elle étudie à l'académie Gerrit Rietveld d'Amsterdam, où elle obtient son diplôme.

« Mes petits dessins sont souvent des pense-bêtes. Parfois ils me servent à trouver des solutions pour mon travail. Souvent ce sont des points de départ bidimensionnels pour mes pièces qui finissent par évoluer différemment ; la dimension ajoutée et le matériau lui-même imposent d'avoir la flexibilité d'adapter l'idée du dessin d'origine, ou même de s'en éloigner. »

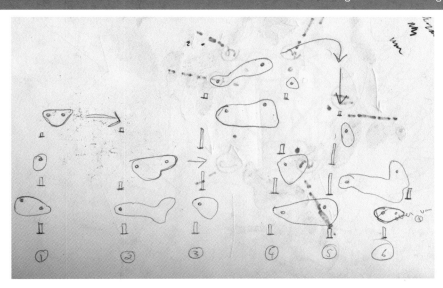

Nach der Oberschule kehrte sie nach Freiburg zurück, wo sie Wirtschaftswissenschaften studierte und mehrere Jahre lang arbeitete. Wagner entdeckte das Schmuckdesign in Abendkursen. 1992 beschloss sie, ihre Kenntnisse des Schmuckdesigns zu vertiefen, und machte ein Praktikum bei einem Goldschmied in Berlin. Darauf folgte ein Stipendium an der Zeichenschule in Hanau. 1994 verließ sie Deutschland, um an der Gerrit Rietveld Academie in Amsterdam zu studieren, wo sie 1997 ihr Diplom machte.

„Meine kleinen Skizzen sind normalerweise Gedächtnisstützen, um mich an meine Ideen zu erinnern. Manchmal geben sie meine eigene Art wieder, Lösungen zu erarbeiten, während ich arbeite. Oftmals sind sie zweidimensionale Ausgangspunkte für meine Werke, die sich generell auf andere Art entwickeln. Die Extradimensionen und das Material selbst erfordern Flexibilität, um sich an die Originalidee des Entwurfs anzupassen oder sogar davon abzuweichen."

Na het middelbaar onderwijs, keerde de jonge vrouw naar Freiburg terug waar ze afstudeerde in de Economische Wetenschappen en meerdere jaren werkzaam was. Wagner ontdekte de juweelsmeedkunst tijdens avondlessen. In 1992 besliste ze haar kennis van de juweelsmeedkunst uit te breiden en liep ze praktijk bij een edelsmid in Berlijn, waarna ze een beurs kreeg in de Tekenschool van Hanau. In 1994 verliet ze Duitsland om aan de Gerrit Rietveld Academie van Amsterdam te gaan studeren waar ze in 1997 afstudeerde.

«Mijn kleine schetsen dienen gewoonlijk als geheugensteuntjes van ideeën. Soms geven ze weer hoe ik tijdens mijn werk oplossingen vind. Vaak zijn het tweedimensionale vertrekpunten voor mijn stukken die, in het algemeen, uiteindelijk op een andere manier ontwikkeld worden. De extra dimensies en het materiaal op zich vereisen aanpassingsvermogen om aan het oorspronkelijke idee van de schets tegemoet te komen, en ook om ervan af te wijken.»

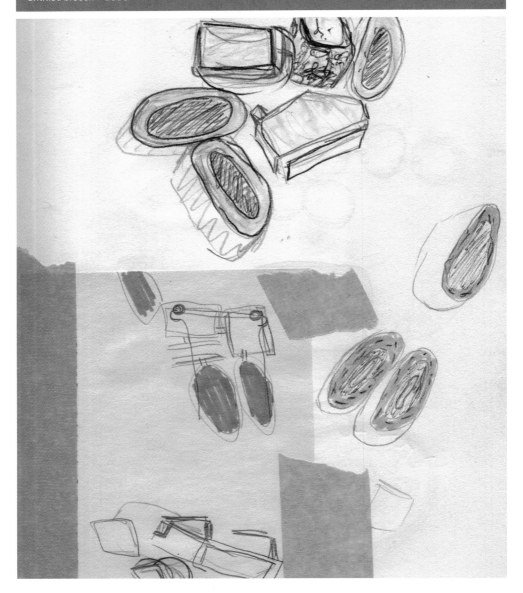

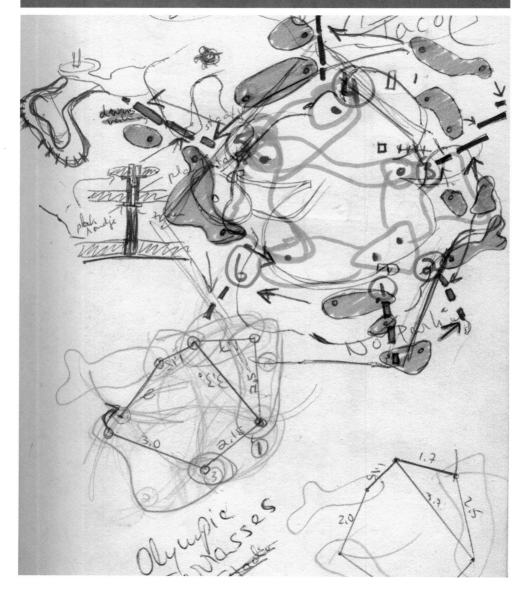

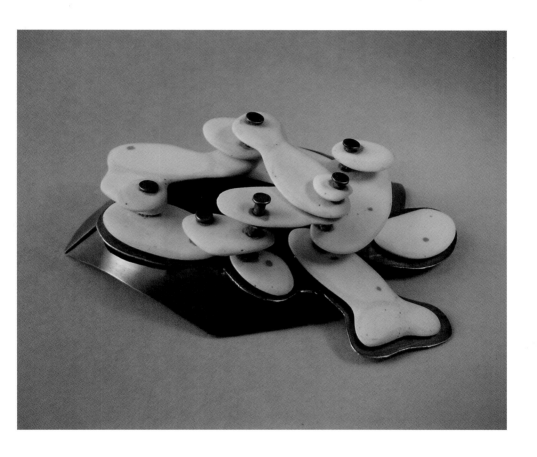

Anya Kivarkis

American designer Anya Kivarkis is from Chicago. In 1999, after studies in jewelry and metalsmithing at the University of Illinois, she went to the State University of New York in New Paltz, where she received her Master's degree in 2004. She has worked as a freelance artist since then and teaches jewelry and metalsmithing as an assistant visiting professor at the University of Oregon in Eugene.

"Drawing is an interesting way to think of how we see, to study the images we perceive and how to transfer them or envisage them as objects. It is a useful tool that enables me to dig back to the base of an idea and its development potential. I prefer freehand to computer-assisted drawing, it lets me keeps the characteristics and imperfections produced by the hand".

La designer américaine Anya Kivarkis vient de Chicago. En 1999, après des études en bijouterie et en orfèvrerie à l'université de l'Illinois, elle intègre l'université d'État de New York, à New Paltz, où elle obtient sa maîtrise en 2004. Elle travaille depuis comme artiste indépendante et enseigne la bijouterie et l'orfèvrerie en tant qu'assistant professeur visiteur à l'université d'Oregon, à Eugene.

« Dessiner est une manière intéressante de penser la manière dont nous voyons, d'étudier la perception que nous avons des images et comment les traduire ou les envisager dans un objet. C'est un outil utile qui me permet de creuser à fond une idée et ses développements potentiels. Je préfère le dessin à l'ordinateur, il permet de conserver les spécificités et les imperfections de la main. »

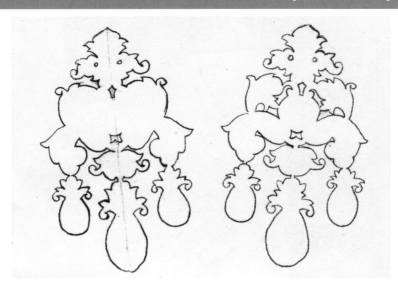

Die Designerin Anya Kivarkis kommt aus Chicago (USA). Nach Abschluss ihres Studiums des Schmuckdesigns und der Metallbearbeitung an der Universität von Illinois im Jahr 1999 studierte sie an der State University in New York, in New Paltz. 2004 absolvierte sie einen Masterstudiengang in Schmuckdesign und Metallbearbeitung. Seitdem arbeitet sie selbstständig und ist heute Gastprofessorin und Assistentin für Schmuckdesign und Metallbearbeitung an der Universität von Oregon, in Eugene.

„Die Zeichnung ist eine interessante Art, um über die verschiedenen Betrachtungsweisen der Dinge, wie wir die Bilder aufnehmen und sie an einem Objekt darstellen, nachzudenken. Sie ist ein nützliches Werkzeug, das mir dabei hilft, eine Vorstellung und ihre potenziellen Variationen eingehend zu untersuchen. Um die Unvollkommenheit und Qualität der handgefertigten Gegenstände zu erhalten, ziehe ich die traditionelle Zeichnung der digitalen vor."

De ontwerpster Anya Kivarkis komt uit Chicago (VS). Na het beëindigen van haar studies in Juweelsmeedkunst en Metaalbewerking aan de Universiteit van Illinois in 1999, studeerde ze aan de State University van New York, in New Paltz. In 2004 behaalde ze een master in Juweelsmeedkunst en Metaalbewerking. Sindsdien werkt ze als zelfstandige en tegenwoordig bekleedt ze ook de functie van gastdocente en assistente in Juweelsmeedkunst en Metaalbewerking aan de Universiteit van Oregon, in Eugene.

«Tekenen is een interessante manier om na te denken over de verschillende manieren waarop men de dingen kan bekijken, over hoe we het beeld waarnemen en hoe we dit in een voorwerp tot uitdrukking brengen. Het is een nuttig werktuig, dat me helpt om een idee en alle potentiële variaties ervan grondig te bestuderen. Om de imperfecties en de kwaliteit van handgemaakte voorwerpen te behouden, verkies ik traditioneel tekenen boven digitaal tekenen.»

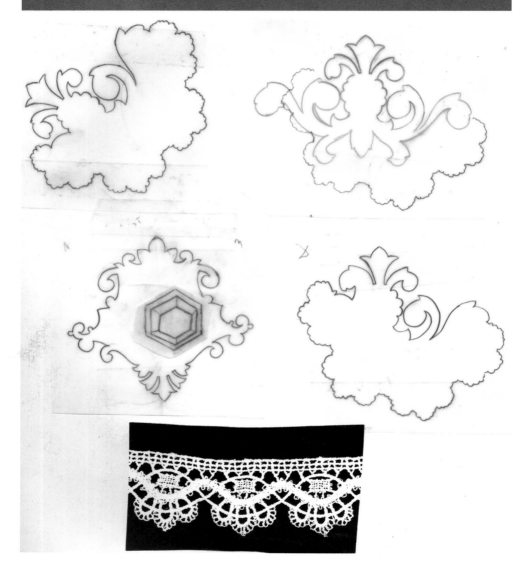

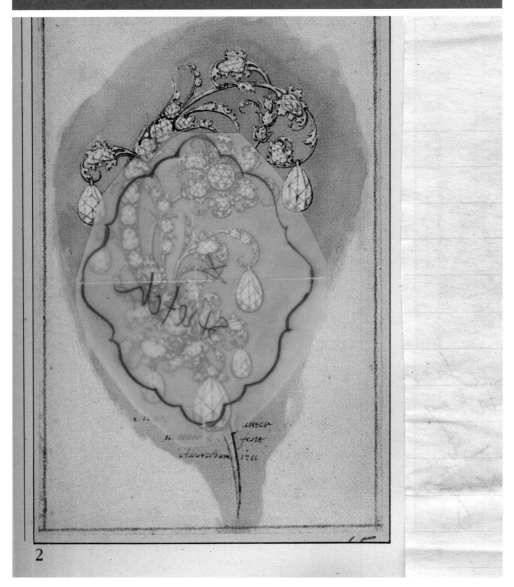

2

Ariane Hartmann

German designer Ariane Hartmann was born in 1971. She was an apprentice jeweler for four years before entering the University of Düsseldorf in 1994, where she took courses in design, products and jewelry. She graduated in 2001, followed by an internship at the V & V Gallery in Vienna. She then opened her own studio in Dusseldorf in 2002 and a store in 2007.

"Today, drawing is the best way to turn my ideas into images. Having a first drawn image of my idea clarifies a lot of things and stops me from embarking on a process that leads nowhere. Drawing is usually a way of moving forward with the ideas I have in my head".

Designer allemande, Ariane Hartmann est née en 1971. Elle suit un apprentissage de bijouterie de quatre ans puis intègre en 1994 l'université de Düsseldorf où elle suit les cours de design, produits et bijoux. Elle obtient son diplôme en 2001, suit un stage à la galerie V & V à Vienne puis ouvre à Düsseldorf son propre studio en 2002 et un magasin en 2007.

« Aujourd'hui, dessiner est le meilleur moyen de traduire mes idées en images. Disposer d'un premier visuel de ma pensée clarifie beaucoup de choses et m'évite d'engager un processus qui ne mène à rien. Dessiner est habituellement une façon d'avancer sur les éléments que j'ai en tête. »

smooth female form

Yes sir learboogie

Die deutsche Designerin Ariane Hartmann wurde 1971 geboren. Bevor sie ihr Studium in Produkt- und Schmuckdesign an der Fachhochschule Düsseldorf begann, hatte sie bis 1994 eine vierjährige Ausbildung als Goldschmiedin absolviert. 2001 machte sie ihr Diplom, nachdem sie ein Praktikum in der Galerie V & V in Wien abgeschlossen hatte. 2002 weihte sie in Düsseldorf ihr Atelier ein und eröffnete 2007 auch dort ihren eigenen Laden.

„Bisher ist die Zeichnung die beste Art, meine Ideen in Bilder zu übertragen. Einen ersten Blick auf meine Ideen werfen zu können hilft mir dabei, viele Dinge zu klären und verhindert manchmal, dass ich einen sinnlosen Denkprozess starte. Es ist eine Technik, um mit den Ideen, die ich im Kopf habe, zu arbeiten."

De Duitse ontwerpster Ariane Hartmann werd geboren in 1971. Tot 1994 werkte ze gedurende vier jaar als juweliersstagiaire, alvorens haar studies in Ontwerp van Juwelen en Producten aan de Universiteit van Düsseldorf te starten. Ze behaalde in 2001 haar diploma, na praktijk te hebben gelopen in de galerie V & V in Wenen. Ze opende haar eigen studio in 2002 en haar eigen winkel in 2007, beide in Düsseldorf.

«Tegenwoordig is tekenen de beste manier om ideeën in beelden om te zetten. Een eerste blik kunnen werpen op mijn ideeën helpt me veel zaken op te helderen en, soms, voorkomt het dat ik een zinloos denkproces start. Het is een techniek om de ideeën die ik in mijn hoofd heb te bewerken.»

Belle Époque

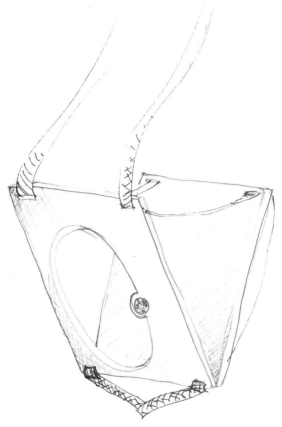

Wie ein Folder
Das Foto wird gerahmt wie bei
einem alten Bilderrahmen.

it was great fun to go over
market
marketing places and look
for old Vinyl-Singles.
They remind me of how it was
being a teenager.

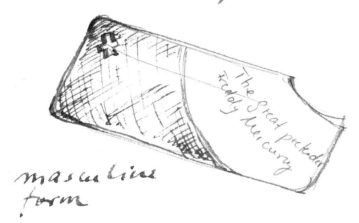

The Great prétender
Freddy Mercury

masculine
form

The best Part is marked
with a little silver cross.
You her it in your memory

Diana Flashman

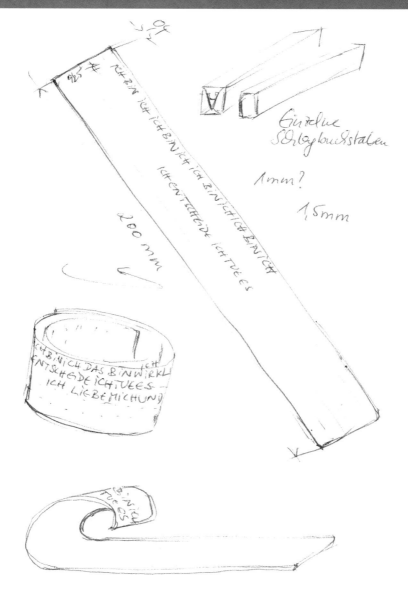

Einzelne
Schlagbuchstaben

1mm?

1,5mm

200 mm

ICH BIN ICH DAS BIN WIRKLICH ICH ICH
BIN GLÜCKLICH ICH SELBST ZU SEIN
ICH BIN HIER ICH ENTSCHEIDE ICH TUE ES
ICH BIN URSPRUNG ICH BIN WERTVOLL ICH
LIEBE MICH UND SORGE GUT FUER MICH ICH
BIN ICH DAS BIN WIRKLICH ICH ICH BIN
GLÜCKLICH ICH SELBST ZU SEIN ICH BIN
HIER ICH ENTSCHEIDE ICH TUE ES ICH BIN
URSPRUNG ICH BIN WERTVOLL ICH LIEBE
MICH UND SORGE GUT FUER MICH ICH BIN
ICH DAS BIN WIRKLICH ICH ICH BIN GLÜCK
LICH ICH SELBST ZU SEIN ICH BIN HIER ICH
ENTSCHEIDE ICH TUE ES ICH BIN URSPRUNG
ICH BIN WERTVOLL ICH LIEBE MICH UND SORGE
GUT FUER MICH ICH BIN ICH DAS BIN WIR
KLICH ICH ICH BIN GLÜCKLICH ICH SELBST
ZU SEIN ICH BIN HIER ICH ENTSCHEIDE ICH
TUE ES ICH BIN URSPRUNG ICH BIN WERTVOLL
ICH LIEBE MICH UND SORGE GUT FUER MICH

A good friend of mine told me once
I should repeat these sentences every
day to do me good. I always forgot
so I thought about making myself
a jewellery that reminds me.
That's how the motto collection starts.
Diane Hartmann

The best Place started
as a birthday present.

We were invited to join
a 40'th party of a
music manager. He is
one of the best friends of
my partner. So I decided
to give him a brooche
that deals with music.

smooth
female form

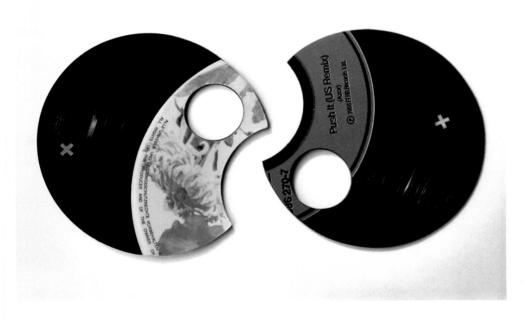

Arthur Hash

Arthur Hash was born in 1976 in Balboa, Panama. He received his Master's degree in jewelry at the State University of Indiana. In his most recent work, Hash has been using a number of modern techniques he has studied at university (3D scanning, rapid prototyping, among others) as a source of inspiration and method of preparation.

"As with many artists, drawing helps me to see. For 3D artists, different perspectives become necessary to capture the essence of a piece. I sometimes discover that, as a drawing, the piece becomes more interesting when its twin is materialized. Drawing is a vehicle for creating 'perfect' or 'ideal' pieces. Physics has no part in the process. You can give any color, size, or shape to a piece; all you need is just a drawing in a notebook. This freedom is fascinating and sometimes overwhelming. My drawings are accurate models at the scale required for manufacturing".

Arthur Hash est né à Balboa en 1976. Il obtient sa maîtrise en bijouterie à l'université d'État de l'Indiana. Dans son travail le plus récent, Hash utilise, comme source d'inspiration et méthode de préparation, des techniques modernes qu'il a étudiées à l'université (le scanning en 3D, le prototypage rapide ...).

« Comme beaucoup d'artistes, le dessin m'aide à voir. Pour les artistes en 3D, des angles de vue divers deviennent nécessaires pour saisir l'essence d'une pièce. Je découvre parfois que la pièce, sous sa forme dessinée, devient plus intéressante que sa jumelle matérialisée. Le dessin est un vecteur pour créer des pièces "parfaites" ou "idéales". La physique n'intervient pas. Vous pouvez attribuer n'importe quelle couleur, taille ou forme à une pièce, il vous suffit d'un dessin dans un carnet. Cette liberté est fascinante et parfois écrasante. Mes dessins servent de modèles précis, à l'échelle requise pour la fabrication. »

Arthur Hash wurde 1976 in Balboa (Panama) geboren. Er absolvierte einen Masterstudiengang in Schmuckdesign an der Indiana State University. In seiner neuesten Kollektion setzt er modernste Techniken (3D-Scanner und schnelles Prototyping, was er während des Studiums gelernt hatte) als Anregung und Vorbereitungsmethodik ein.

„Wie viele andere Künstler verwende ich die Zeichnungen zum Sehen. Wir Künstler, die in drei Dimensionen arbeiten, müssen mehrere Betrachtungspunkte haben, um das Wesen des Schmuckstücks zu erfassen. Oftmals finde ich das Teil auf der Zeichnung interessanter als die erstellte Kopie. Die Zeichnung bietet einen Weg, ein ‚perfektes' oder ‚ideales' Schmuckstück zu erstellen. Die Physik findet keine Anwendung. Mit einem einfachen Entwurf im Heft kann man ein Stück in allen Farben, Größen oder Formen illustrieren. Diese Freiheit ist faszinierend und manchmal enorm."

Arthur Hash werd in 1976 geboren in Balboa (Panama). Hash, die een master behaalde in Juweelontwerp aan de Indiana State University, gebruikt in zijn recentste collectie moderne technieken (zoals 3D-scannen en Rapid prototyping, die hij in de universiteit leerde) als inspiratiebron en voorbereidingsmethode.

«Tekeningen gebruik ik, zoals veel kunstenaars, om te zien. Voor kunstenaars die zoals ik in drie dimensies werken, is het noodzakelijk over meerdere standpunten te beschikken om de essentie van een stuk te vatten. Vaak vind ik het stuk interessanter op papier dan in de afgewerkte vorm. De tekening biedt een manier om een "perfect" of "ideaal" stuk te produceren. De fysica is niet toepasbaar. Met een eenvoudige schets in de blocnote, kan een stuk in gelijk welke kleur, afmeting of vorm geïllustreerd worden. Deze vrijheid is fascinerend en soms overweldigend.»

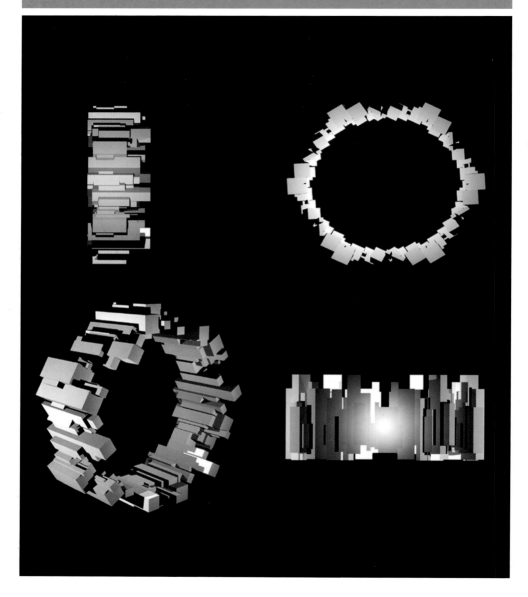

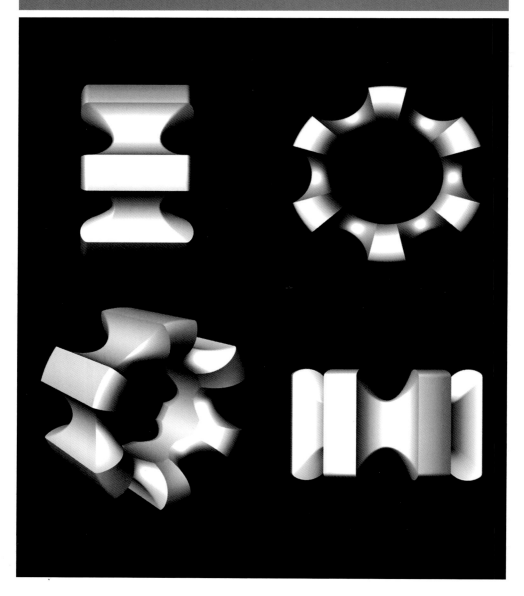

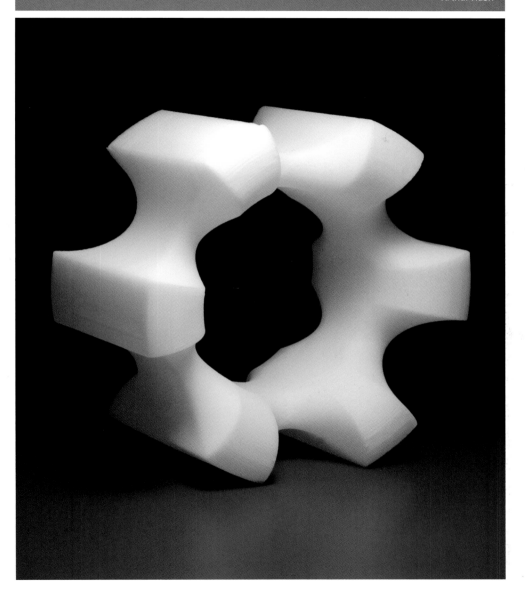

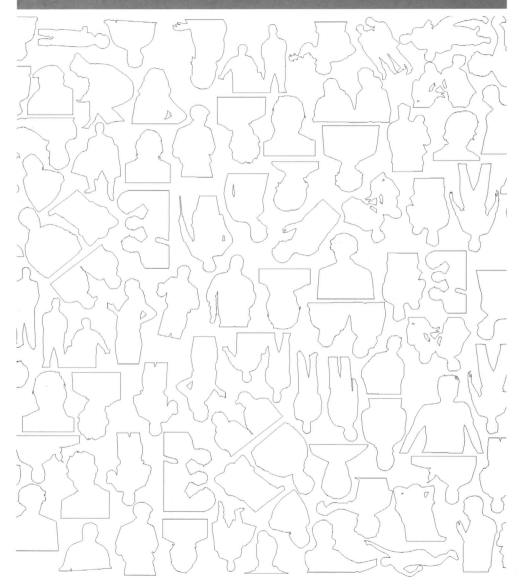

Beate Klockmann

Beate Klockmann was born in 1972 in Weimar, Germany. After training as a metalsmith at Zella-Mehlis under the direction of R. Koch from 1990 to 1994, she studied jewelry at the Burg Giebichenstein University of Art and Design, graduating in 2001. She has lived and worked in Amsterdam since then.

"Drawing jewelry is like drawing the body. From these outlines, I can make architecture – points, lines, planes, and colors".

Beate Klockmann est née en 1972 à Weimar. Après avoir suivi une formation d'orfèvrerie à Zella-Mehlis sous la direction de R. Koch de 1990 à 1994, elle étudie la bijouterie à l'université d'art et de design de Burg Giebichenstein et obtient son diplôme en 2001. Depuis, elle vit et travaille à Amsterdam.

« Dessiner un bijou, c'est dessiner au sujet du corps. De ces contours, je peux faire de l'architecture. Points, lignes, plans, couleurs. »

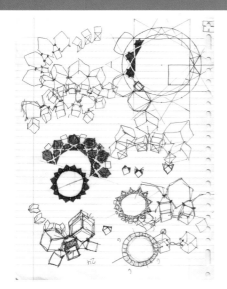

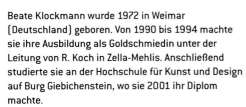

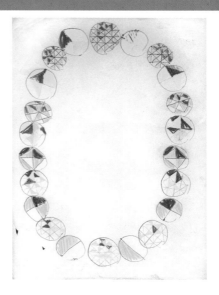

Beate Klockmann wurde 1972 in Weimar (Deutschland) geboren. Von 1990 bis 1994 machte sie ihre Ausbildung als Goldschmiedin unter der Leitung von R. Koch in Zella-Mehlis. Anschließend studierte sie an der Hochschule für Kunst und Design auf Burg Giebichenstein, wo sie 2001 ihr Diplom machte.
Seitdem lebt und arbeitet sie in Amsterdam.

„Schmuck zu zeichnen ist wie Körper zu zeichnen. Ausgehend von diesen Silhouetten kann ich eine Architektur erstellen: Punkte, Linien, Ebenen, Farben..."

Beate Klockmann werd in 1972 geboren in Weimar (Duitsland). Ze werd van 1990 tot 1994 in Zella-Mehlis opgeleid in de edelsmeedkunst door R. Koch. Vervolgens studeerde ze kunst aan de Kunst- en Ontwerphogeschool Burg Giebichenstein waar ze in 2001 afstudeerde. Sindsdien leeft en werkt ze in Amsterdam.

«Juwelen tekenen is zoals een lichaam tekenen. Vertrekkende van die silhouetten, kan ik een architectuur creëren: punten, lijnen, plannen, kleuren...»

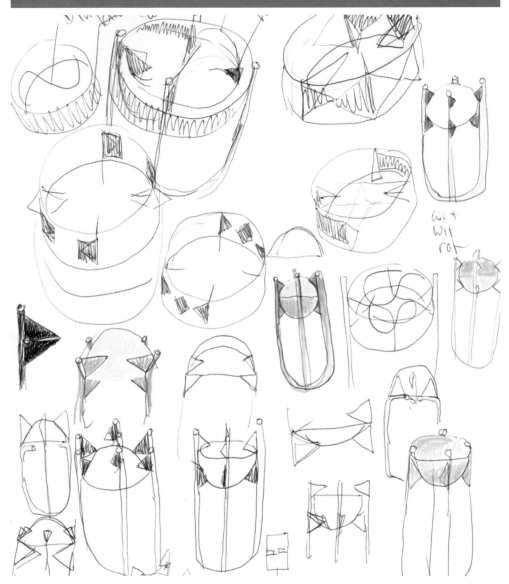

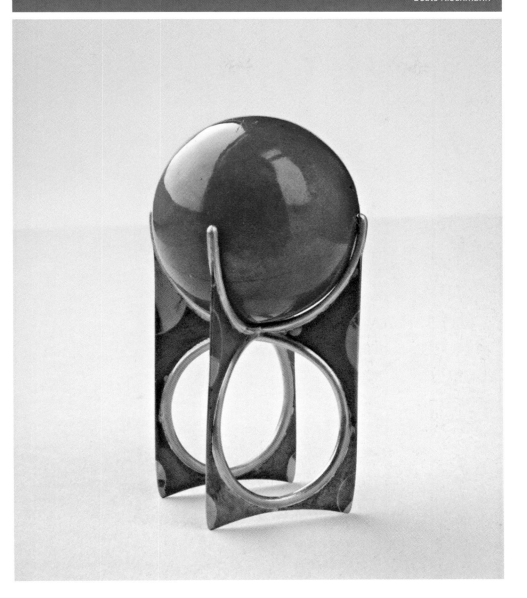

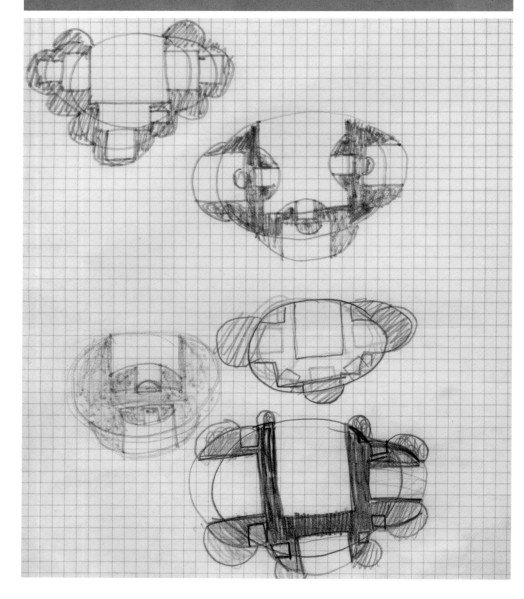

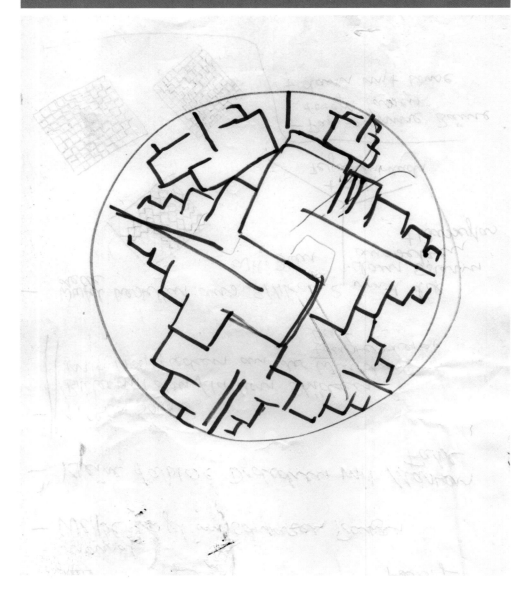

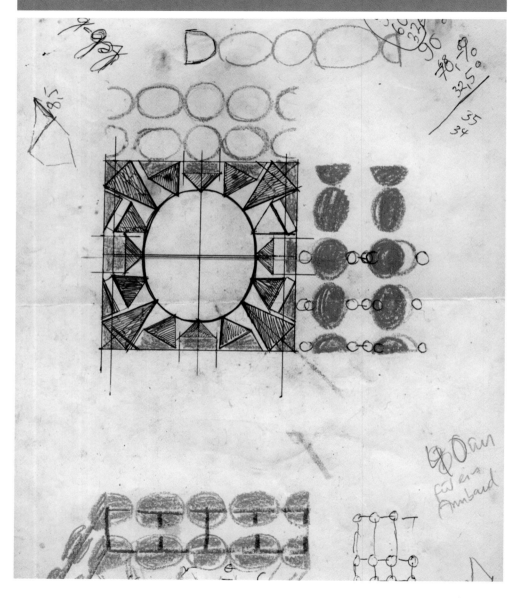

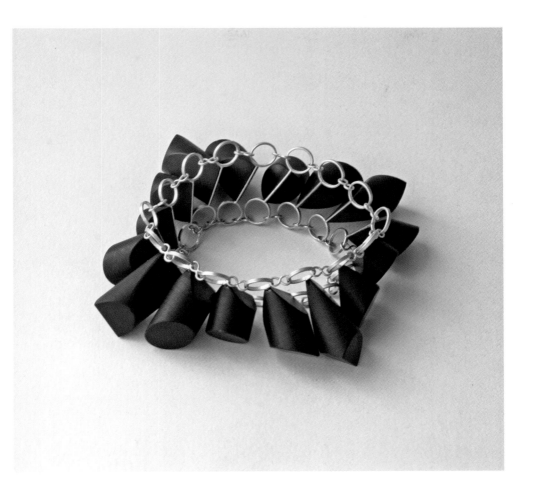

Chao

Chao-Hsien Kuo was born in Taiwan in 1973. After a year of studying commercial design in Taipei, she decided on a change in direction. In 1993, she enrolled in courses of jewelry and metalsmithing at the Hofstra University in New York, graduating in 1996. In 1997 she entered the Institute of Design in Lahti, Finland, to take graduate studies in jewelry. She then went on to do a Master's degree in Industrial Design at the University of Art and Design Helsinki. She currently lives in Lahti, where she created Chao & Eero Jewelry in 2005 with her husband Eero Hintsanen.

"My sketches and drawings are very simple and full of movement. They say what I want to express about what the jewel could become".

Chao-Hsien Kuo est née à Taiwan en 1973. Après un an d'études de design commercial à Taipeh elle décide de changer de voie. En 1993, elle s'inscrit aux cours de bijouterie et d'orfèvrerie de l'université Hofstra à New York, dont elle sort diplômée en 1996. En 1997, elle rejoint l'institut de design de Lahti, en Finlande, pour suivre un programme de troisième cycle de bijouterie. Elle poursuit avec une maîtrise en design industriel à l'université d'art et de design d'Helsinki. Elle vit aujourd'hui à Lahti, où elle a créé en 2005 les bijoux Chao & Eero avec son mari, Eero Hintsanen.

« Mes croquis et dessins sont très simples et pleins de mouvements. Ils racontent plus ce que je veux exprimer que ce que le bijou pourrait devenir. »

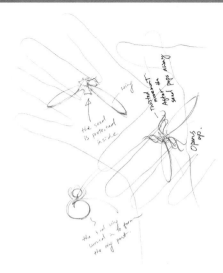

Chao-Hsien Kuo (Taiwan, 1973) studierte ein Jahr Werbedesign in Taipei, bevor sie sich für einen anderen Weg entschied. 1993 zog sie nach New York, um Schmuckdesign und Metallbearbeitung an der Hofstra University zu studieren, wo sie 1996 ihr Diplom machte. Ein Jahr später zog sie nach Finnland, um ein Aufbaustudium in Schmuckdesign am Institut für Design in Lahti und anschließend einen Masterstudiengang in Industriedesign an der Hochschule für Kunst und Design in Helsinki zu absolvieren. Heute lebt sie in Lahti, wo sie mit ihrem Mann, Eero Hintsanen, im Jahre 2005 Chao & Eero Jewel gegründet hat.

„Meine Entwürfe und Zeichnungen sind sehr einfach und stecken voller Bewegung. Sie sagen mehr aus, als ich aussagen möchte, wie auch mehr als das fertige Schmuckstück."

Chao-Hsien Kuo (Taiwan, 1973) studeerde een jaar Commercieel ontwerp in Taipei alvorens voor een andere weg te kiezen. Ze verhuisde in 1993 naar New York om Juweelsmeedkunst en Metaalbewerking te studeren aan de Universiteit van Hofstra, waar ze in 1996 haar diploma behaalde. Een jaar later vertrok ze naar Finland om een postgraduaat in Juweelsmeedkunst aan te vatten aan het Ontwerpinstituut van Lahti, waarna een master volgde in Industrieel Ontwerp aan de Universiteit voor Kunst en Ontwerp in Helsinki. Momenteel woont ze in Lahti waar ze in 2005, samen met haar echtgenoot, Eero Hintsanen, Chao & Eero Jewel oprichtte.

«Mijn schetsen en tekeningen zijn heel eenvoudig en vol beweging. Ze vertellen meer over wat ik wens uit te drukken, dan over het afgewerkte juweel.»

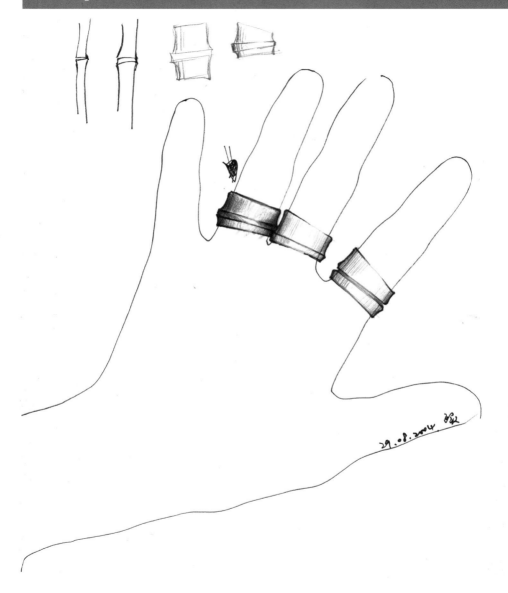

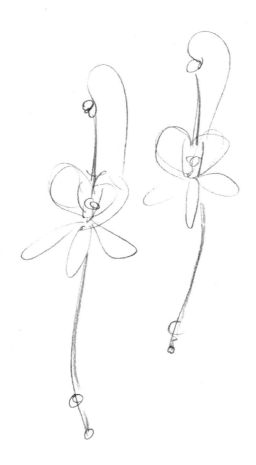

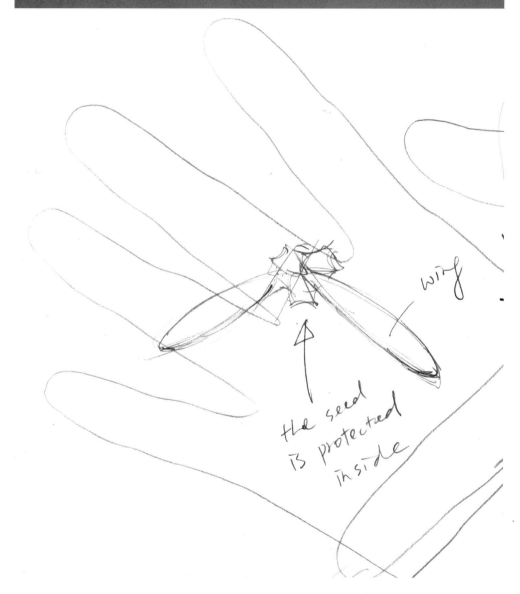

wing

the seed
is protected
inside

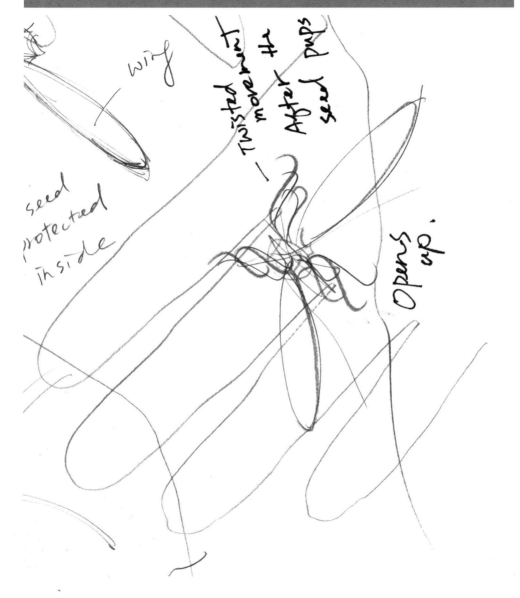

wing

seed
protected
inside

Twisted
movement
— After seed pups

Opens up.

Christine J. Brandt

Born in Japan and raised in Scandinavia and the United States, Christine J. Brandt has experienced different cultures since her childhood. She studied at the Parsons School of Design in New York, graduating in fashion design in 1992. Brandt leaves her pieces in as natural a state as possible. She does not stain or varnish the wood, preferring to polish it and apply several layers of a natural Danish oil to reveal its grain and color.

"My jewelry drawings are only vague ideas of what I imagine the next piece to be. Often the finished piece is different. It comes from the material – the wood, which is very organic and has a life of its own".

Née au Japon, élevée en Scandinavie et aux États-Unis, Christine J. Brandt a été enracinée dès l'enfance dans diverses cultures. Elle suit les cours de l'école de design Parsons à New York dont elle sort en 1992, diplômée en stylisme.
Brandt laisse ses pièces dans un état aussi naturel que possible, elle ne colore ni ne vernit le bois, préférant le lustrer et l'enduire de plusieurs couches d'une huile naturelle danoise qui révèle son grain et sa couleur.

« Mes dessins de bijoux ne sont que de vagues concepts de ce que j'imagine être la pièce à venir. Souvent, le bijou fini est différent. Cela vient de la nature du matériau, le bois, très organique, doté d'une vie propre. »

Christine J. Brandt wurde in Japan geboren und ist in Europa (Skandinavien) und in den USA aufgewachsen. Von klein an nahm sie verschiedene Kulturen auf. Sie studierte an der Parsons School of Design in New York und machte ihr 1992 ihr Diplom in Modedesign. Ihre Werke bewahren einen möglichst natürlichen Zustand: Sie bemalt oder lackiert nie das Holz, sondern poliert es lieber und reibt es manuell mit verschiedenen Schichten dänischen Ölen ein, um Maserung und Naturfarben hervorzuheben.

„Die Zeichnungen meiner Schmuckstücke sind normalerweise freie Konzepte darüber, wie ich mir das fertige Teil vorstelle und manchmal fällt es, wenn es fertig ist, anders aus. Das liegt an den Eigenschaften meines Materials, dem Holz, einem sehr organischen Material mit eigenem Leben."

Christine J. Brandt werd geboren in Japan en studeerde in Europa (Scandinavië) en de VS. Van kleins af werd ze in verscheidene culturen ondergedompeld. Ze studeerde aan de Parsons School of Design in New York en behaalde in 1992 het diploma Modeontwerp. Haar werken behouden een zo natuurlijk mogelijke staat: ze verft of vernist het hout nooit, maar verkiest het handmatig te polijsten en in te wrijven met meerdere lagen Deense natuurolie om de nerven en natuurlijke kleuren te accentueren.

«De tekeningen van mijn juwelen zijn meestal vrije concepten over hoe ik mij het stuk inbeeld en soms is het uiteindelijke resultaat dan ook anders. Dit is te wijten aan de kenmerken van het materiaal dat ik gebruik, hout, een zeer organisch materiaal, met een eigen leven.»

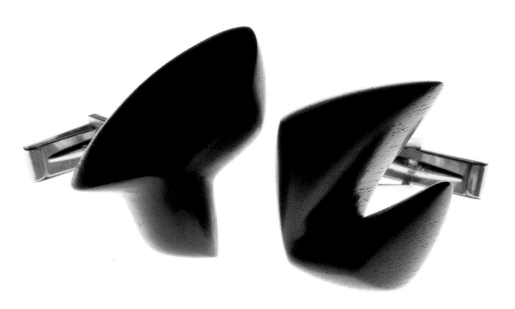

Christine J. Brandt. ©2005

Claude Schmitz

Claude Schmitz was born in Luxembourg in 1972.
He entered the Fachhochschule Rheinland-Pfalz in
Germany in 1993. After finishing his studies there,
Schmitz enrolled at the Royal Academy of Fine Arts in
Antwerp, Belgium, graduating with honors in jewelry
in 1999. In the same year, he moved to London
and enrolled at the Royal College of Art, obtaining
a Master's degree in jewelry and metalsmithing in
2001. At the end of his studies, Schmitz returned
to Luxembourg to become a freelance professional
artist.

*"For me, drawing is just a tool; it is a way to remember
ideas for future pieces".*

Né au Luxembourg en 1972. Il intègre en 1993 l'école
de Rheinland-Pfalz, en Allemagne.
Aussitôt sorti de cette école professionnelle, Schmitz
s'inscrit à l'académie des beaux-arts d'Anvers, en
Belgique, dont il sort en 1999, licencié avec mention
en bijouterie. Cette même année, il déménage à
Londres et s'inscrit au Royal College of Art. En 2001,
il obtient une maîtrise en bijouterie et orfèvrerie. À la
fin de ses études, Schmitz retourne au Luxembourg
et s'installe comme artiste professionnel
indépendant.

*« Pour moi, le dessin est juste un outil, c'est une
manière de garder en mémoire des idées pour de
futurs bijoux. »*

Claude Schmitz (Luxemburg, 1972) fing in dieser Branche an und absolvierte von 1993 bis 1995 seine Ausbildung an der Fachhochschule Rheinland-Pfalz. Nach Abschluss des Studiums begann Schmitz an der Koninklijke Academie voor Schone Kunsten in Antwerpen (Belgien), wo er 1999 sein Diplom in Schmuckdesign machte. Im gleichen Jahr zog er nach London, wo er 2001 einen Masterstudiengang in Gold- und Silberschmiedekunst, Metallbearbeitung und Schmuckwaren am Royal College of Art abschloss. Nach Abschluss seines Studiums kehrte er nach Luxemburg zurück.

„Für mich ist die Zeichnung selbst ein reines Instrument, eine Art, Vorstellungen und Überlegungen für zukünftige Schmuckstücke im Gedächtnis zu behalten."

Claude Schmitz (Luxemburg, 1972) begon in dit gebied toen hij van 1993 tot 1995 aan de Hogeschool van Rijnland-Palts (Duitsland) studeerde. Na de hogeschoolstudies, ging Brandt naar de Koninklijke Academie voor Schone Kunsten in Antwerpen (België), waar hij in 1999 zijn diploma in Juweelontwerp behaalde. Datzelfde jaar verhuisde hij naar Londen om er een master te studeren in Edel-, Zilver-, Metaal- en Juweelsmeedkunst aan het Royal College of Art, die hij in 2001 voltooide. Na zijn studies, keerde hij terug naar Luxemburg.

«Voor mij is tekenen louter een instrument, een manier om ideeën en overwegingen voor toekomstige juwelen te onthouden.»

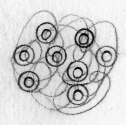

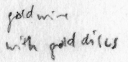

gold wire
with gold discs

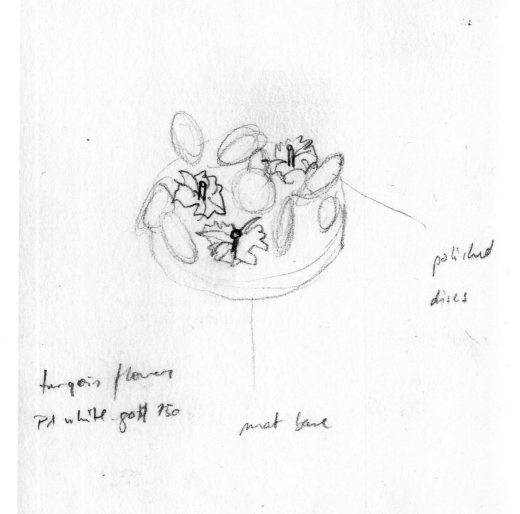

polished
discs

turgois flowers
Pt white gold 750

mat base

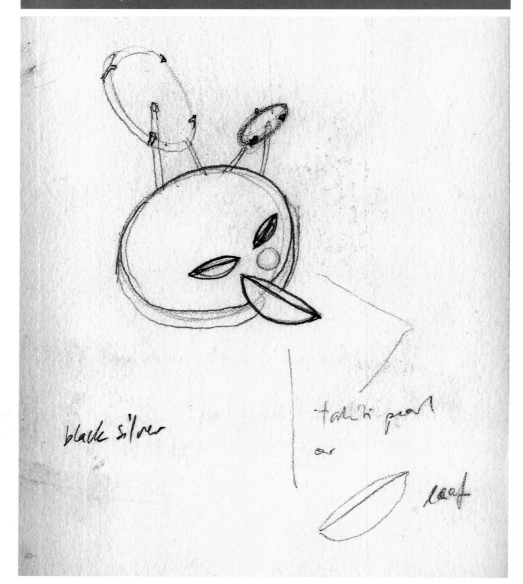

black silver

tahiti pearl

or

leaf

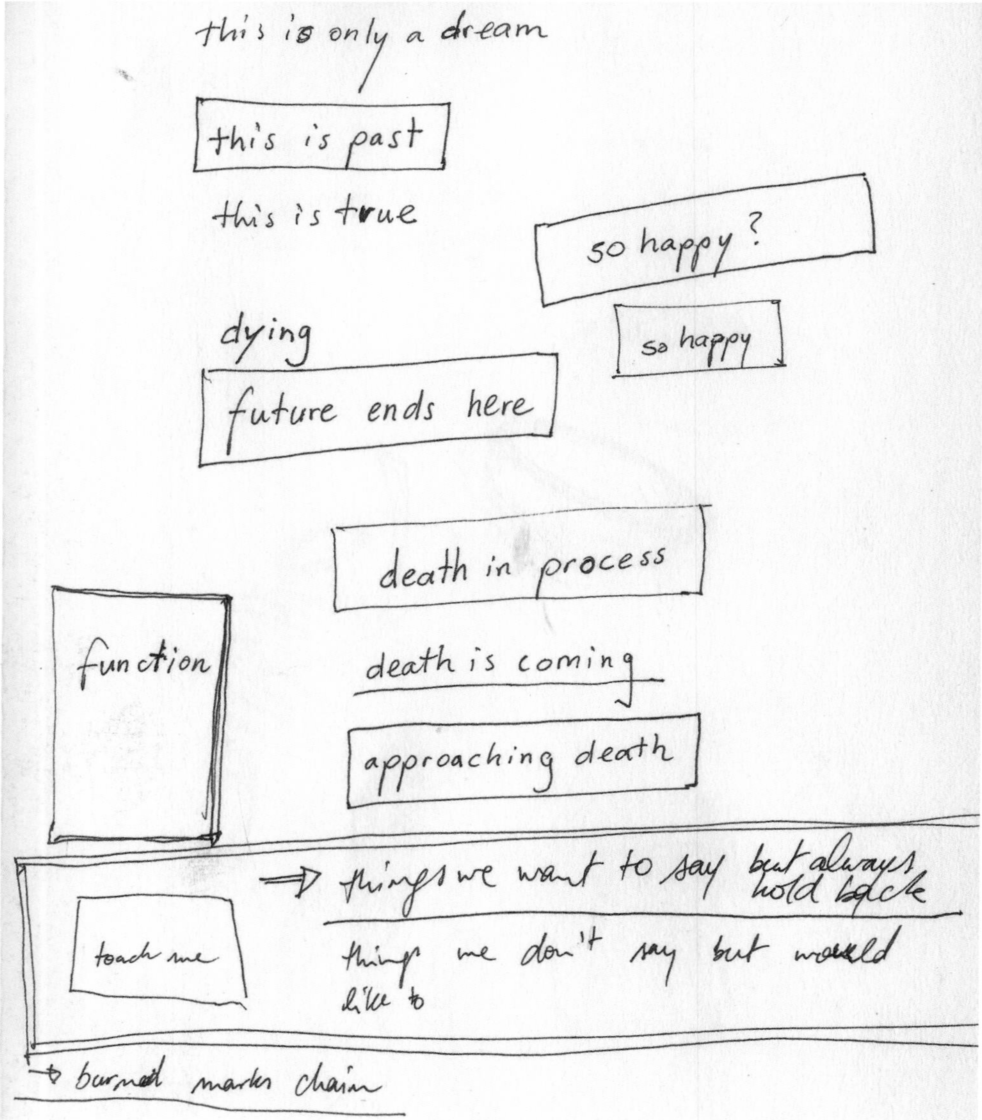

this is only a dream

this is past

this is true

so happy ?

dying

so happy

future ends here

death in process

function

death is coming

approaching death

→ things we want to say but always hold back

teach me

things we don't say but would like to

→ burned marks chain

to be used

OBJECT

loved?

ed

I'm not afraid of you

a

an hurt you

something to rem

death in process

f

wonderful

poor, fat and lonel

useless

beginning

free

VICTIM

DESIRED

ppy

Constanze Schreiber

Constanze Schreiber was born in Siegen, Germany, in 1977. She moved to Pforzheim in 1997 to study at jewelry at the goldsmithing school. On graduating in 2000, she moved to Amsterdam where she entered the Gerrit Rietveld Academie. Schreiber has since been living and working as a freelance artist in Amsterdam.

"Basically, my work does not evolve from drawings. I use them to represent an idea and to let me remember it later".

Constanze Schreiber est née en 1977 à Siegen, en Allemagne. Elle s'installe à Pforzheim en 1997 pour étudier la bijouterie à l'école d'orfèvrerie. Elle obtient son diplôme en 2000 puis part pour Amsterdam où elle intègre l'académie Gerrit Rietveld. Depuis, Schreiber vit et travaille en tant qu'artiste indépendante à Amsterdam.

« À la base, mon travail n'évolue pas à partir de dessins. Je les utilise pour représenter une idée et pour m'en souvenir plus tard. »

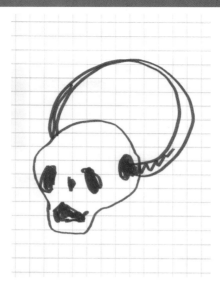

Constanze Schreiber wurde 1977 in Siegen (Deutschland) geboren. 1997 zog sie nach Pforzheim, um Schmuckdesign an der Goldschmiedeschule zu studieren, wo sie im Jahr 2000 ihr Diplom machte. Anschließend ging sie nach Holland, um bis 2004 an der Gerrit Rietveld Academie in Amsterdam zu studieren. Seitdem lebt Schreiber in Amsterdam, wo sie als selbstständige Künstlerin arbeitet.

„Ich verwende die Zeichnung grundsätzlich, um eine Idee darzustellen und mich später daran zu erinnern, aber nicht zur Ausübung meiner Tätigkeit."

Constanze Schreiber werd in 1977 geboren in Siegen (Duitsland). In 1997 verhuisde ze naar Pforzheim om er Juweelontwerp te studeren aan de School voor Edelsmeedkunst waar ze in het jaar 2000 afstudeerde. Vervolgens verhuisde ze naar Nederland waar ze tot 2004 aan de Gerrit Rietveld Academie in Amsterdam studeerde. Sindsdien woont Schreiber in Amsterdam waar ze werkzaam is als freelance kunstenaar.

«In wezen gebruik ik de tekening om een idee voor te stellen en het me later te herinneren, niet om mijn werk zelf te ontwikkelen.»

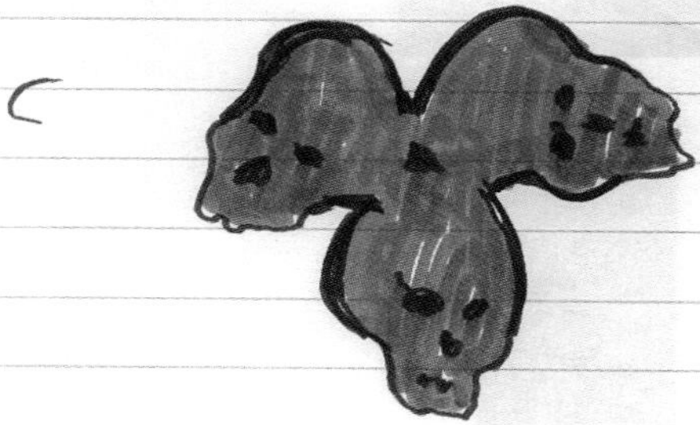

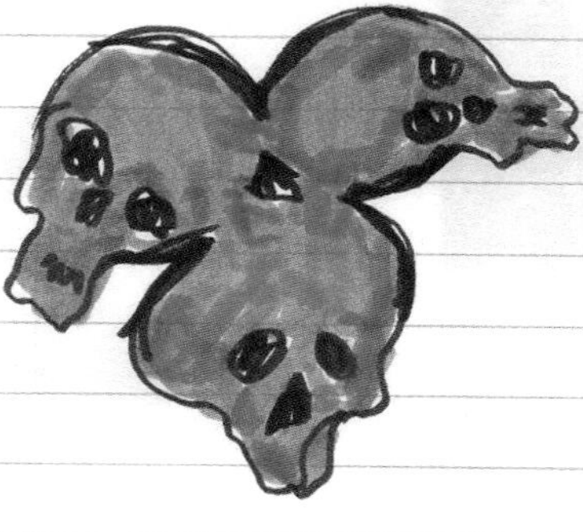

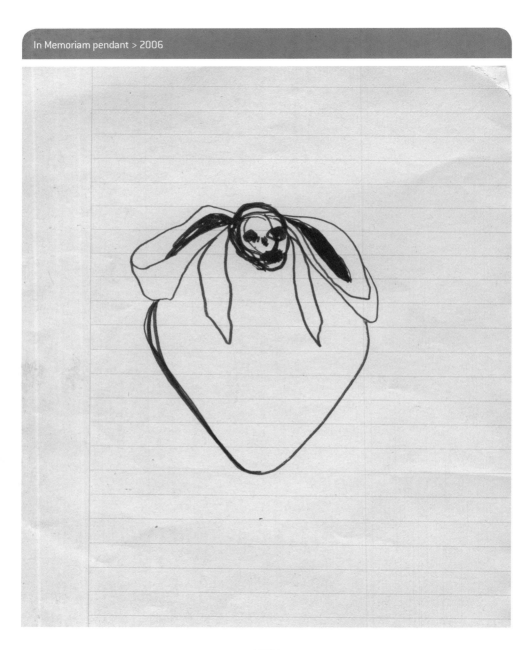

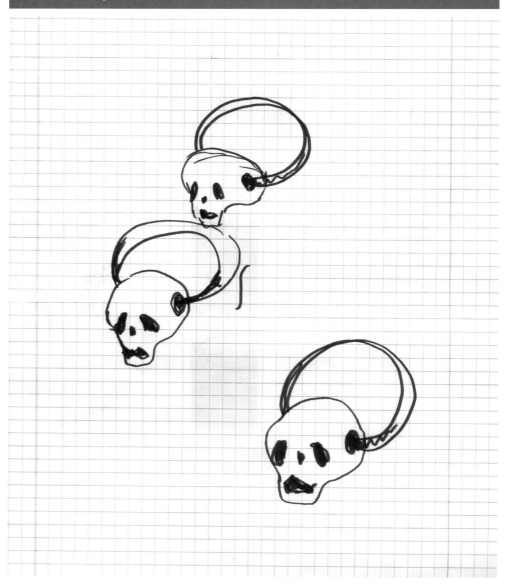

Dinie Besems

Dinie Besems was born in 1966 in Oosterhout, the Netherlands. In 1987, she went to study at Arnhem Academy of Art. After graduating in 1988, she completed her studies at the Gerrit Rietveld Academie in Amsterdam. She received her degree in jewelry and metalsmithing in 1992 and settled permanently in Amsterdam.

"I asked the designer Luna Maurer to create a tool that could handle the physical transfer of my ideas. My dream is to create beauty through a mathematical formula".

Dinie Besems est née en 1966 à Oosterhout, aux Pays-Bas. En 1987, elle rejoint Arnhem et son académie d'art. Après l'obtention de son diplôme en 1988, elle complète son cursus à l'académie Gerrit Rietveld, à Amsterdam. Elle obtient son diplôme de bijouterie et d'orfèvrerie en 1992, et s'installe définitivement à Amsterdam.

« J'ai demandé à la designer Luna Maurer de créer un outil qui pourrait prendre en charge la traduction physique de mes idées. Mon rêve est de créer la beauté grâce à une formule mathématique. »

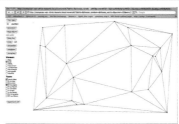
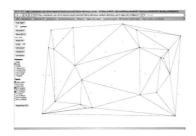
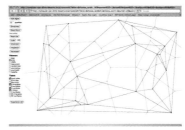

Dinie Besems wurde 1966 in Oosterhout in den Niederlanden geboren. 1987 zog sie nach Arnhem, um die dortige Kunstakademie zu besuchen. Nach ihrem Diplom setzte sie ihr Studium an der Gerrit Rietveld Academie in Amsterdam fort, wo sie sich 1992, nach ihrem Diplom in Schmuckdesign und Metallbearbeitung, niederließ.

„Ich bat die Grafikdesignerin Luna Maurer darum, ein Werkzeug zu entwerfen, das meinen Ideen Form geben konnte. Ich träumte davon, Schönheit ausgehend von einer mathematischen Formel schaffen zu können."

Dinie Besems werd in 1966 geboren in de stad Oosterhout, in Nederland. In 1987 verhuisde ze naar Arnhem om lessen te volgen aan de Kunstacademie. Na dat diploma te hebben behaald, vervolgde ze haar studies aan de Gerrit Rietveld Academie in Amsterdam, de stad waar ze zich vestigde nadat ze in 1992 haar diploma in Juweelontwerp en Metaalsmeedkunst behaalde.

«Ik vroeg aan de grafische ontwerpster Luna Maurer of ze een werktuig kon ontwerpen dat vorm kon geven aan mijn ideeën. Ik droomde ervan schoonheid te creëren vertrekkende van een wiskundige formule.»

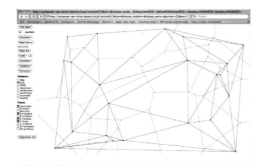
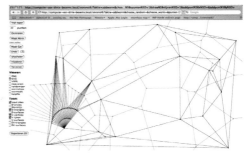
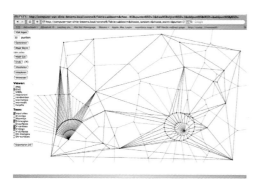
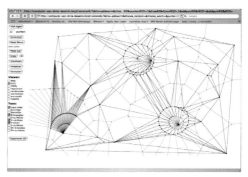

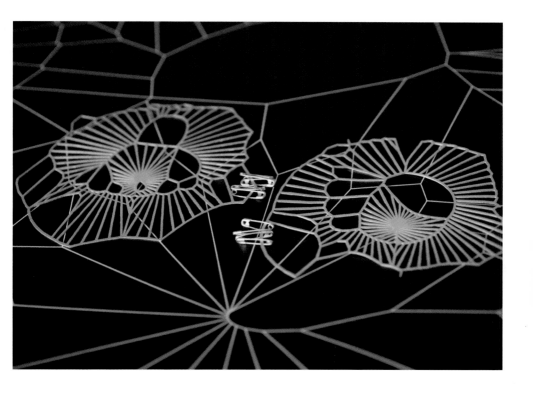

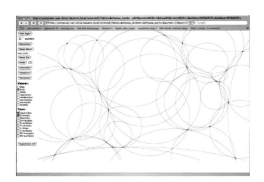
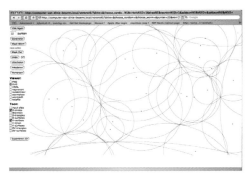
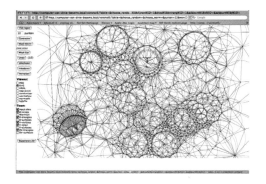
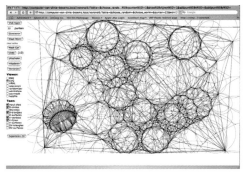

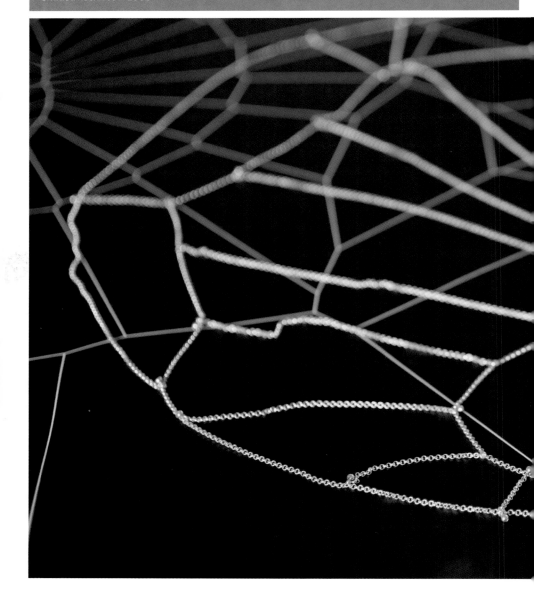

Eero

Finnish designer Eero Hintsanen studied metalsmithing and jewelry at the Institute of Design in Lahti, Finland. He participated in an exchange program for one year in printmaking and design at the State Academy of Fine Arts in Hanau, Germany. He graduated in 1998, and went on to create his own jewelry firm. In 2005, he and his wife Chao founded Chao & Eero Jewelry.

"My drawings and my style have not changed much. As a child, I was already inventing diverse characters and cartoons; and today these countless drawings are taking shape in 3D through jewelry.

Designer finlandais, Eero Hintsanen étudie l'orfèvrerie et la bijouterie à l'institut de design de Lahti, en Finlande. Il participe à un programme d'échange d'un an en gravure et design à l'académie d'État des beaux-arts de Hanau, en Allemagne, et obtient sa licence en 1998. Il lance ensuite sa compagnie de bijouterie. En 2005, il fonde avec sa femme, Chao, les bijoux Chao & Eero.

« Mes dessins et mon style n'ont pas beaucoup varié. Enfant, je créais déjà divers personnages et bandes dessinées, et aujourd'hui ces innombrables dessins prennent forme en 3D grâce à la bijouterie. »

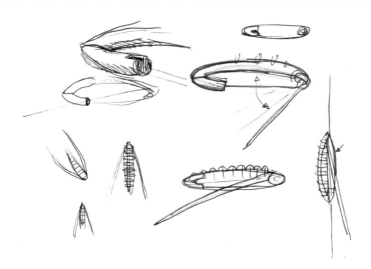

Der finnische Designer Eero Hintsanen studierte Schmiedekunst und Schmuckdesign am Institut für Design in Lahti (Finnland). Er nahm ein Jahr lang an einem Austauschprogramm an der staatlichen Zeichenakademie in Hanau (Deutschland) teil, wo er Handstichtechniken und Design studierte. 1998 machte er sein Diplom und eröffnete anschließend seine eigene Goldschmiede. 2005 gründete er Chao & Eero Jewel mit seiner Frau, Chao-Hsien Kuo.

„Meine Zeichnungen und mein Stil haben praktisch immer dieselbe Linie verfolgt. Als ich klein war, erfand ich schon immer verschiedene Figuren und Comics und jetzt haben sich diese unzähligen Zeichnungen anhand des Schmuckdesigns in dreidimensionale Figuren verwandelt."

De Finse ontwerper Eero Hintsanen studeerde Edelsmeedkunst en Juweelontwerp aan het Instituut voor Ontwerp in Lahti (Finland). Hij nam gedurende een jaar deel aan een uitwisselingsprogramma aan de Rijkstekenacademie van Hanau (Duitsland), waar hij Manuele Gravuretechnieken en Ontwerp studeerde, en in 1998 zijn diploma behaalde. Na zijn studies opende hij zijn eigen juwelierszaak. In 2005 richtte hij samen met zijn vrouw Chao-Hsien Kuo, Chao & Eero Jewel op.

«Mijn tekeningen en mijn stijl hebben bijna altijd dezelfde lijn gevolgd. Als kind had ik de gewoonte diverse personages en stripverhalen uit te vinden en nu heb ik van die schat aan tekeningen door middel van de juweelsmeedkunst driedimensionale figuren gemaakt.»

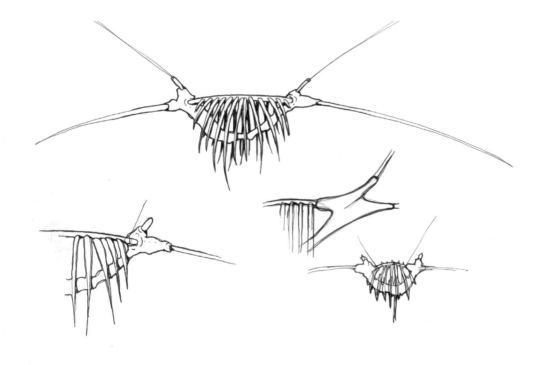

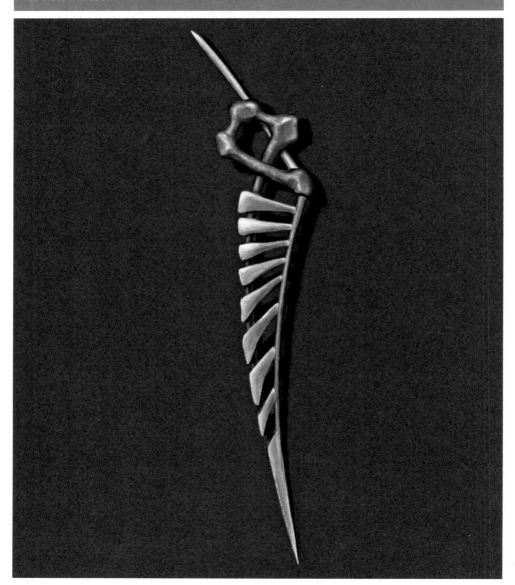

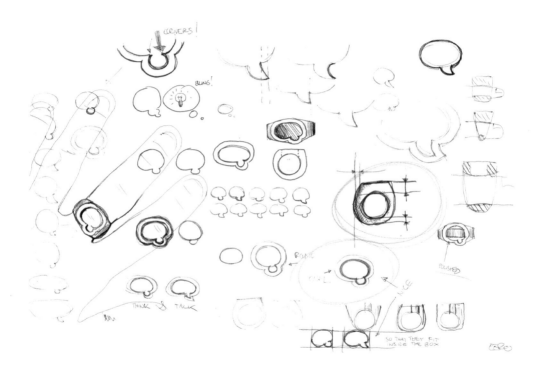

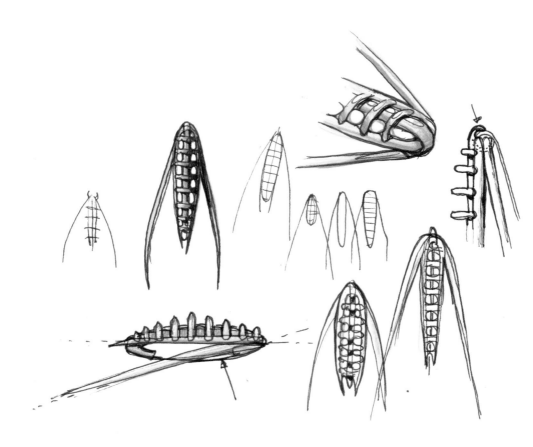

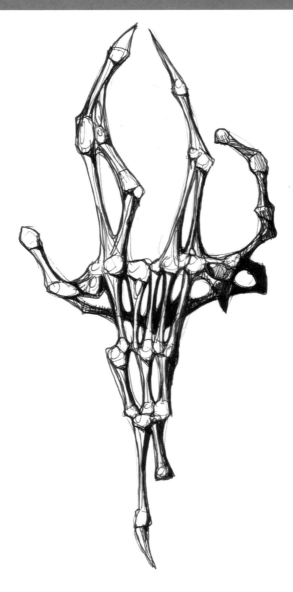

Ela Bauer

Ela Bauer was born in Poland and grew up in Israel. After completing her studies at the University of Jerusalem, she went on to study jewelry at a vocational school. In 1989 she entered the Gerrit Rietveld Academie in the Netherlands. She graduated in 1995 and still lives and works in Amsterdam.

"My drawings aren't project plans for making a piece a jewel; instead they parallel my work in 3D, as a form of self expression. I love drawing, it clarifies my thoughts. Each line and each movement has an irreversible life".

Née en Pologne, Ela Bauer a grandi en Israël. Après l'université de Jérusalem, elle étudie la bijouterie dans une école professionnelle. En 1989 elle entre à l'académie Gerrit Rietveld, aux Pays-Bas. Diplômée en 1995, elle vit et travaille toujours à Amsterdam.

« Mes dessins ne sont pas des projets pour réaliser un bijou, plutôt un parallèle à mon travail en 3D, une forme d'expression autonome. J'adore dessiner, cela clarifie mes idées. Chaque ligne, chaque mouvement a une existence, irréversible. »

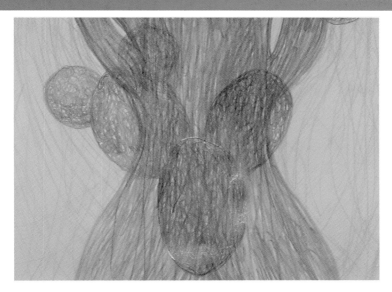

Ela Bauer wurde in Polen geboren und ist in Israel aufgewachsen. Sie hat an der Universität Jerusalem studiert und später die Berufsschule besucht, um Schmuckdesign zu lernen. 1989 zog sie in die Niederlande, um ihr Studium an der Gerrit Rietveld Academie zu vervollständigen, wo sie 1995 ihr Diplom machte. Bauer lebt und arbeitet noch immer in Amsterdam. .

„Meine Zeichnungen sind keine Entwürfe, um ein Schmuckstück herzustellen, sondern eher ein paralleles Instrument zu meiner Tätigkeit in drei Dimensionen, eine Art selbstständige Ausdrucksweise. Ich genieße es, zu zeichnen, denn auf diese Art klären sich meine Ideen. Jeder Strich, jede Bewegung hat Leben und ist definitiv."

Ela Bauer werd geboren in Polen en studeerde in Israël. Ze studeerde aan de Universiteit van Jeruzalem en ging later naar de Beroepsschool om er juweelsmeedkunst te studeren. In 1989 verhuisde ze naar Nederland waar ze haar studies voltooide aan de de Gerrit Rietveld Academie en in 1995 afstudeerde. Bauer woont en werkt nog steeds in Amsterdam.

«Mijn tekeningen zijn geen schetsen om een juweel te maken, meer eerder een instrument dat parallel loopt met mijn driedimensionaal werk, een uitdrukkingsvorm op zich. Ik geniet van het tekenen omdat het helpt mijn ideeën op te helderen. Elke haal, elke beweging heeft een eigen leven, is definitief.»

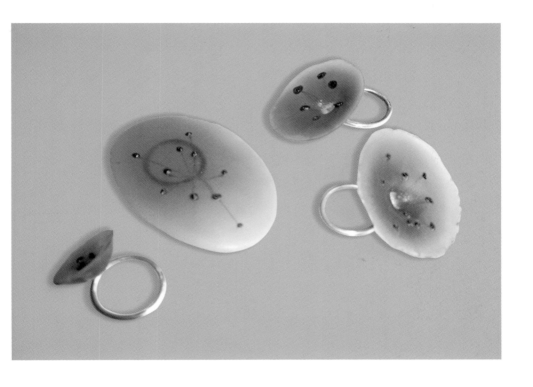

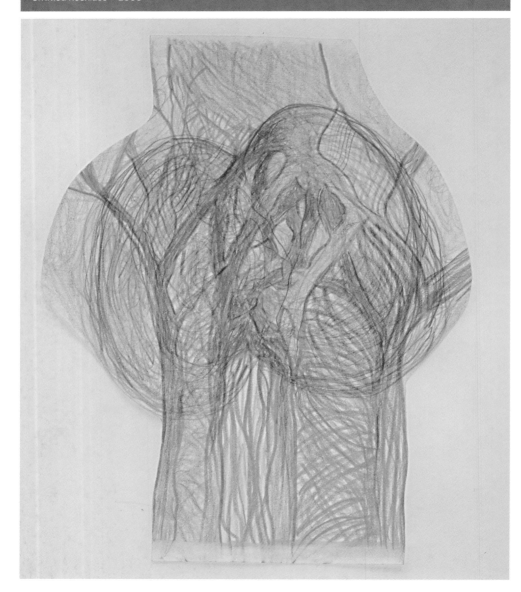

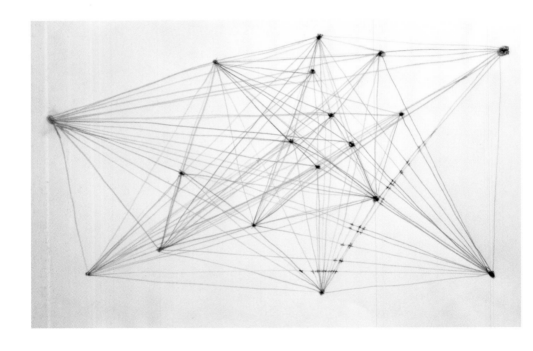

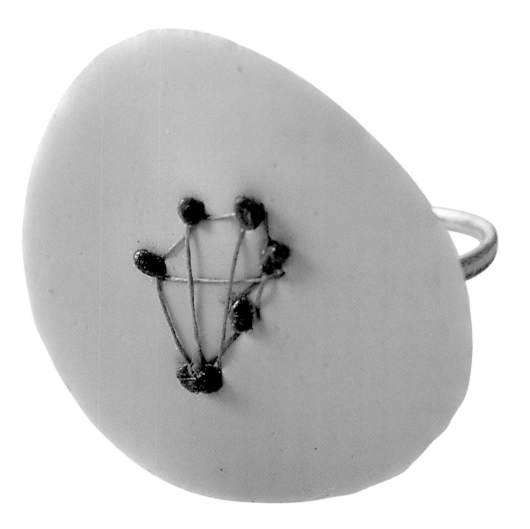

Elfrun Lach

German designer Elfrun Lach studied art history, Egyptology and archaeology at the University of Cologne before moving to Australia where she began to paint. She exhibits in Australia and Europe. Her attraction to gemology led her to explore central Australia and to enrolling in a metalsmithing degree at the Royal Melbourne Institute of Technology, graduating in 2005. Lach also explores the qualities and cultural implications of coral through her jewelry.

"My designs are very simple. I always carry a notebook with me to draw ideas, details, and things I see. I always collect scraps of wood, bark, and stones, and bits of plastic too. We waste too much of them; I like turning them into valuable objects".

La designer allemande Elfrun Lach étudie l'histoire de l'art, l'égyptologie et l'archéologie à l'université de Cologne. Elle part ensuite pour l'Australie où elle se met à la peinture. Elle expose en Australie et en Europe. Son attirance pour la gemmologie l'amène à explorer l'Australie centrale et elle s'inscrit aux cours d'orfèvrerie de l'Institut royal de technologie de Melbourne. Diplômée en 2005, Lach explore aussi les qualités et les implications culturelles du corail à travers ses propres bijoux.

« Mes dessins sont très simples. J'ai toujours un carnet avec moi pour dessiner des idées, des détails ou des choses que j'ai vues. Je collectionne toujours des bouts de bois, d'écorce et des cailloux ; des bouts de plastique aussi. On en gaspille trop, j'aime les transformer en objets précieux. »

Die deutsche Designerin Elfrun Lach studierte fünf Jahre lang Kunstgeschichte, Ägyptologie und Archäologie an der Universität Köln und zog danach nach Australien. Ihr Interesse für die Edelsteinkunde bewog sie, große Reisen durch Zentralaustralien zu machen. Abschließend machte sie einen Gold- und Silberschmiedekurs am Royal Melbourne Institute of Technology, den sie 2005 mit Diplom abschloss. Heute untersucht sie in ihren eigenen Designs die Eigenschaften der Koralle und deren kulturelle Verbindungen.

„Meine Zeichnungen sind sehr einfach. Ich trage immer ein Skizzenheft bei mir, um Ideen und Details für neue Designs oder Dinge, die ich sehe, zu zeichnen. Ich sammle auch Fragmente von Ästen, Rinden, Steinen und Kunststoff. Wir verschwenden viel Kunststoff auf dieser Welt! Ich würde ihn gerne in kostbare Stücke verwandeln."

De Duitse ontwerpster Elfrun Lach studeerde gedurende vijf jaar Kunstgeschiedenis, Egyptologie en Archeologie aan de Universiteit van Keulen en daarna vertrok ze naar Australië. Door haar interesse in gemmologie ging ze grote reizen maken door Centraal Australië. Uiteindelijk volgde ze een cursus Edel- en Zilversmeedkunst aan het Royal Melbourne Institute of Technology waar ze in 2005 afstudeerde. Tegenwoordig bestudeert ze in haar eigen ontwerpen de kwaliteiten van koraal en de culturele associaties ervan.

«Mijn tekeningen zijn heel eenvoudig. Ik heb altijd een schetsboek op zak om dingen die ik zie of ideeën en details voor nieuwe ontwerpen te tekenen. Ik verzamel ook fragmenten van takjes, schors, stenen en plastic. In deze wereld verspillen we enorm veel plastic! Daar zou ik graag edelstukken van maken.»

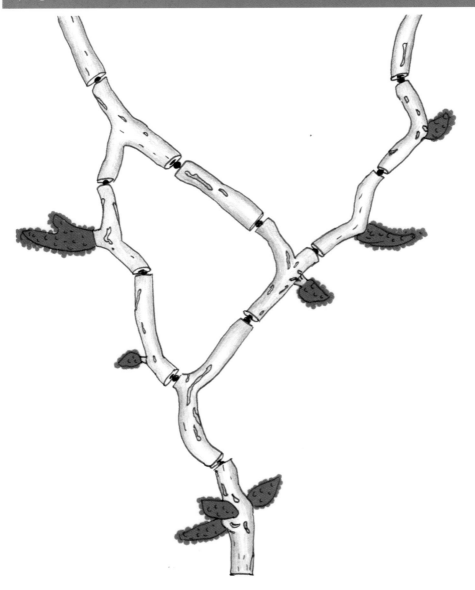

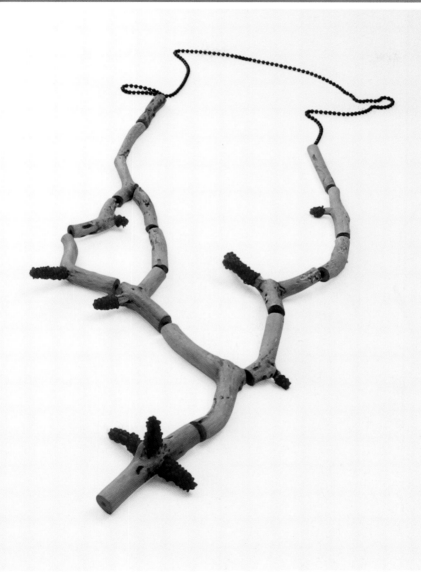

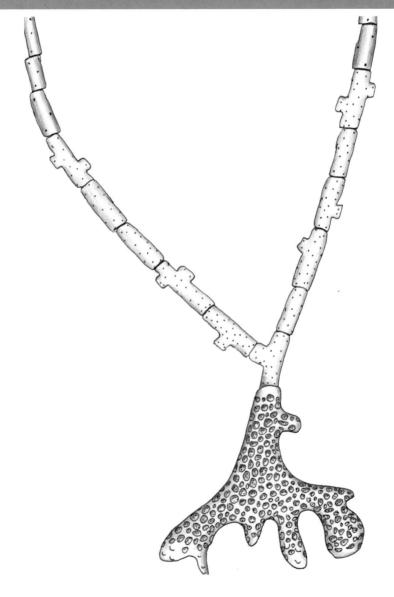

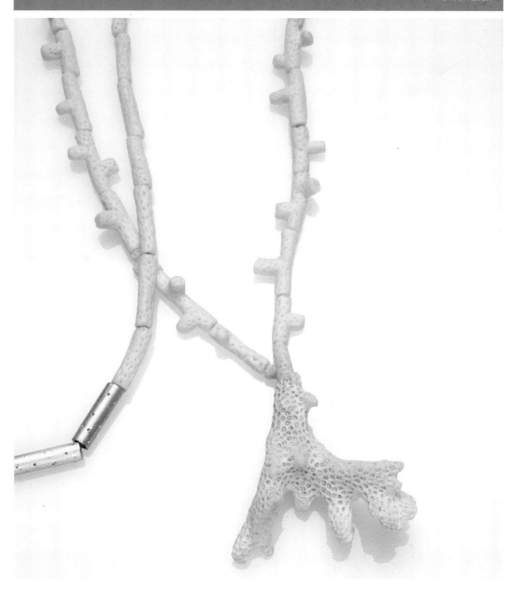

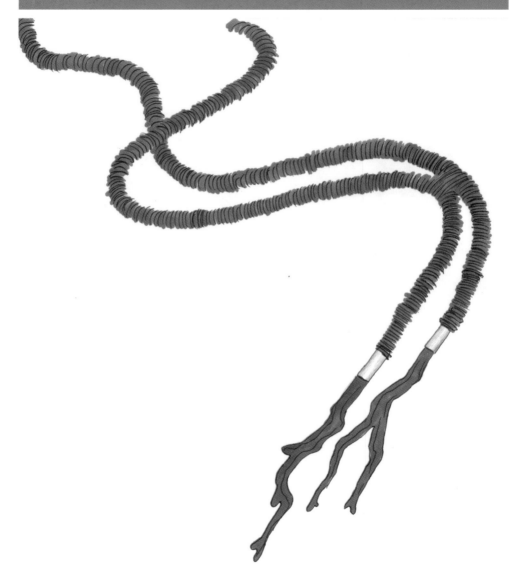

Evert Nijland

The Dutch designer Evert Nijland was born in 1971. He discovered his calling to become a jeweler at the Gerrit Rietveld Academie in Amsterdam after beginning his studies in the Department of Fine Arts. After graduating in 1995, he spent two years at the Sandberg Institute in Amsterdam, where he obtained his Master's degree in art. He still lives and works in this city.

"For me, drawing is very important; it's how I start a new collection. Without drawings, there would be no jewelry. They help me visualize my ideas and are an invaluable guide in the process of creation pieces in 3D. The direct and spontaneous quality of this medium serves me as a reference for my jewelry".

Designer néerlandais né en 1971, Evert Nijland découvre sa vocation pour la bijouterie à l'académie Gerrit Rietveld d'Amsterdam après un début au département des beaux-arts. Diplômé en 1995, il suit pendant deux ans les cours de l'institut Sandberg d'Amsterdam où il obtient sa maîtrise en art. Il vit et travaille toujours dans cette ville.

« Pour moi, le dessin est très important ; c'est par là que je commence une nouvelle collection. Sans dessin, il n'y aurait pas de bijouterie. Ils m'aident à visualiser mes idées et sont un guide inestimable dans le processus de création des pièces en 3D. La qualité directe et spontanée de ce médium me sert de référence pour la bijouterie. »

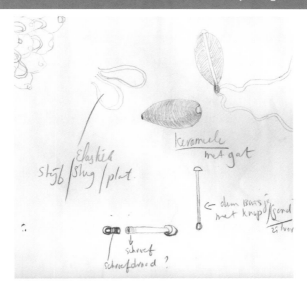

Der niederländische Designer Evert Nijland (1971) begann in der Abteilung für Bildende Künste der Gerrit Rietveld Academie in Amsterdam – in der Stadt, in der er wohnt und arbeitet –, fand aber seine tatsächliche Berufung in der Fachrichtung Schmuckdesign. 1995 machte er sein Diplom und schrieb sich im Sandberg Institute in Amsterdam ein, um ein zweijähriges Aufbaustudium zu absolvieren, mit dem er sein Studium abschloss.

„Zeichnen ist sehr wichtig für mich. Ich beginne eine neue Kollektion immer mit Zeichnungen. Ohne sie gäbe es kein Schmuckstück. Sie helfen mir, alle meine Ideen zu visualisieren und stellen auch einen sehr wertvollen Führer im Herstellungsprozess dreidimensionaler Teile dar. Die spontane und unmittelbare Eigenschaft dieses Mittels dient als Bezugspunkt für meinen Schmuck."

De Nederlandse ontwerper Evert Nijland (1971) begon in de Afdeling voor Beeldende Kunst van de Gerrit Rietveld Academie in Amsterdam, de stad waarin hij woont en werkt, ook al ontdekte hij zijn ware roeping in de Afdeling Edelsmeden. In 1995 studeerde hij af en schreef hij zich in aan het Sandberg Institute in Amsterdam om er een postgraduaat van twee jaar te volgen en zijn studies te voltooien.

«Tekenen is heel belangrijk voor mij. Ik start een nieuwe collectie altijd met tekeningen. Zonder tekeningen zou geen enkel juweel bestaan. Ze helpen me mijn ideeën te visualiseren en vormen ook een zeer waardevolle leidraad in het fabricageproces van de driedimensionale stukken. De spontane en directe kwaliteit van dit middel dient als referentie voor mijn juwelen.»

Stÿb / Shng

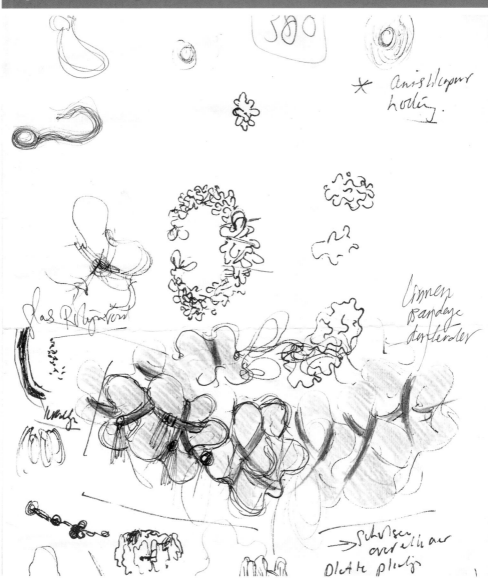

Felix Lindner

Felix Lindner was born in 1973 in Erfurt, Germany. He lived in Amsterdam and took classes at the Gerrit Rietveld Academie between 1995 and 1997. He went on to enter the Academy of Fine Arts in Munich, where he took the course led by Otto Künzli until 2003. In 2000, he also studied in France, at EPIAR in Nice and the Duperré College of Applied Arts in Paris as a guest student. He has since been working as a freelance jeweler, and combines this activity with his professorship at the School of Jewelry in Arnstadt, Germany.

"I basically have three reasons for making a drawing. I may want to record an idea, create an image just for the pleasure of drawing, or clarify a detail".

Felix Lindner est né en 1973 à Erfurt, en Allemagne. De 1995 à 1997 il vit à Amsterdam et suit les cours de l'académie Gerrit Rietveld, puis il intègre l'académie des arts plastiques de Munich, où il suit les cours d'Otto Künzli jusqu'en 2003. En 2000 il étudie aussi en France, à l'EPIAR à Nice et à l'école supérieure des arts appliqués Duperré à Paris, en tant qu'étudiant invité. Depuis il travaille comme bijoutier indépendant et combine cette activité avec son poste de professeur à l'école de bijouterie d'Arnstadt, en Allemagne.

« À la base, j'ai trois raisons pour faire un dessin. Je peux vouloir fixer une idée, créer une image juste pour le plaisir de dessiner ou préciser un détail. »

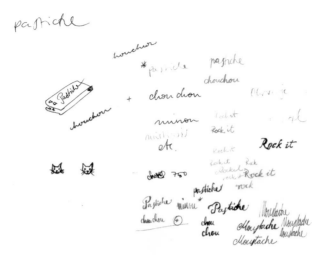

Felix Lindner (Erfurt, Deutschland, 1973) lebte während seiner Ausbildung an der Gerrit Rietveld Academie, d. h. von 1995 bis 1997, in Amsterdam. Danach zog er nach München, wo er unter der Leitung von Otto Künzli bis 2003 an der Akademie der Bildenden Künste studierte. Im Jahr 2000 nahm er auch als Gasthörer am Unterricht der Villa Arson (EPIAR) in Nizza und an der Hochschule für Angewandte Kunst in Paris teil. Seitdem arbeitet er als selbstständiger Schmuckdesigner und kombiniert diese Tätigkeit zurzeit mit der Lehrtätigkeit für Schmuckdesign an der Berufsfachschule für Goldschmiede in Arnstadt (Deutschland).

„Meiner Meinung nach gibt es für eine Zeichnung drei Gründe: Aufnahme einer Idee, Erstellung eines Bildes aus Freude am Zeichnen oder, sehr häufig, Klärung von Einzelheiten."

Felix Lindner (Erfurt, Duitsland, 1973) woonde tijdens zijn opleidingsjaren van 1995 tot 1997 aan de Gerrit Rietveld Academie, in Amsterdam. Daarna verhuisde hij naar München, waar hij tot 2003 aan de Akademie der Bildenden Künste studeerde, onder leiding van Otto Künzli. Ook volgde hij in het jaar 2000 lessen als toehoorder in de Villa Arson (EPIAR) in Nice (Frankrijk) evenals in de Hogeschool Duperré voor Toegepaste Kunsten in Parijs. Sindsdien werkte hij als zelfstandig ontwerper van juwelen en tegenwoordig combineert hij zijn ambacht met een betrekking als docent in Juweelontwerp in de Beroepsschool voor Juweelsmeedkunst in Arnstadt (Duitsland).

«Ik ben van mening dat een tekening moet bestaan om drie redenen: om een idee te vatten, om een beeld creëren en zich al tekenend te vermaken of, vrij vaak, om details op te helderen.»

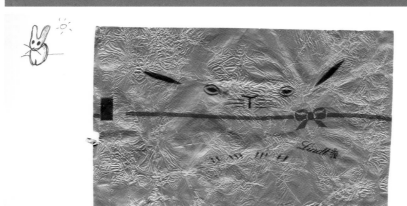

der goldhase

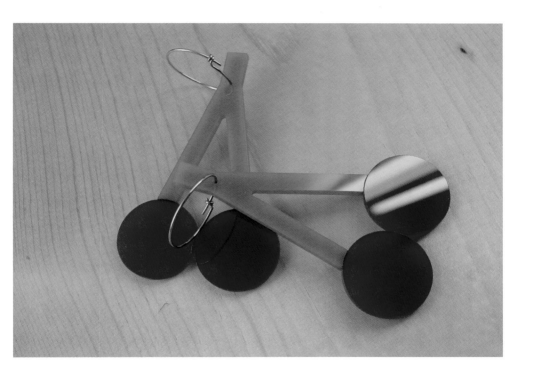

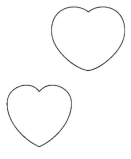

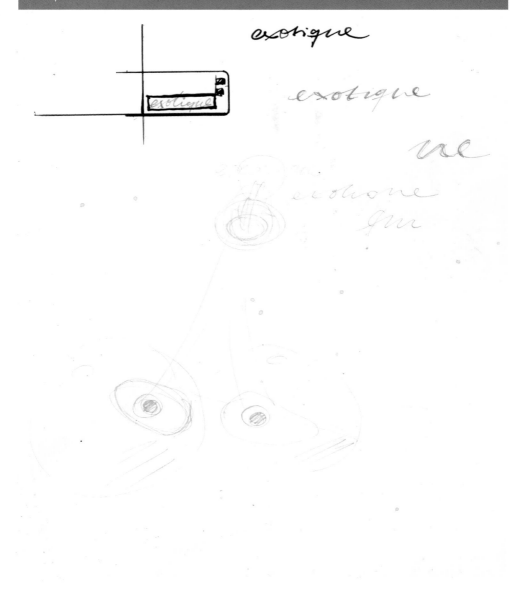

exotique

exotique

Fernando de Blasi

Argentinean craftsman Fernando de Blasi was born in the city of Mendoza in 1964. He began studying design in 1987, taking courses in drawing, silkscreening, stained glass, and jewelry starting in1988, with a particular interest in metalworking. In 1997, he joined Luis Quesada and Martha Artaza to found the Society of Unconventional Jewelers. The Architects Association of Mendoza offered him the opportunity to visit Barcelona for the festivities commemorating Gaudí in 2003. He decided to settle there. In 2006, he opened the Casa de la Espiral workshop where he exhibits his work and teaches sculpture, painting, and jewelry making.

"The subject is inspired by the insect world, rediscovered techniques, and medieval forms".

Artisan argentin, Fernando de Blasi est né dans la ville de Mendoza en 1964. Il commence ses études de design en 1987 et suit dès 1988 des cours de dessin, de sérigraphie, de vitrail et de bijouterie, avec un intérêt particulier pour le travail des métaux. En 1997, il s'associe à Luis Quesada et Martha Artaza pour fonder la Société des bijoutiers non conventionnels. Grâce à l'Association des architectes de Mendoza, les festivités de 2003 en l'honneur de Gaudí lui donnent l'occasion de visiter Barcelone. Il décide de s'y installer. En 2006, il ouvre l'atelier Casa de la Espiral où il expose son travail et enseigne la sculpture, la peinture et la bijouterie.

« Le sujet est inspiré par le monde des insectes, des techniques redécouvertes et des formes médiévales. »

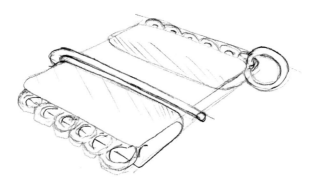

Der argentinische Kunsthandwerker Fernando de Blasi wurde 1964 in Mendoza geboren. Er begann 1987 sein Produktdesignstudium, nahm gegen 1988 auch an Zeichen-, Serigrafie-, Kirchenfenster- und Schmuckunterricht teil und spezialisierte sich auf Metallskulptur. 1997 schloss er sich mit Luis Quesada und Martha Artaza zusammen, um die Gesellschaft unkonventioneller Goldschmiede zu gründen. 2003 nutzte er die Feierlichkeiten des Gaudí-Jahres, um mit Architektenkammer aus Mendoza nach Barcelona zu reisen, woraufhin er beschloss, dort zu bleiben. 2006 eröffnete er das Atelier „Casa de la Espiral", wo er sein Werk ausstellt und Unterricht in Bildhauerei, Malerei und Schmuckgestaltung erteilt.

„Die Thematik wurde von der Welt der Insekten inspiriert und greift Techniken und Formen aus dem Mittelalter auf."

De ambachtsman van Argentijnse oorsprong Fernando de Blasi werd in 1964 geboren in Mendoza. Hij ving zijn studies in Productontwerp aan in 1987 en studeerde tot 1988. Ook volgde hij lessen tekenen, serigrafie, brandschilderen van ramen en juweelsmeedkunst en specialiseerde hij zich in het beeldhouwen met metaal. In 1997 ging hij een partnerschap aan met Luis Quesada en Martha Artaza om de vereniging van niet conventionele juweliers op te richten. Hij maakte van de vieringen rond het Gaudi-jaar in 2003 gebruik om met het College voor Architecten van Mendoza naar Barcelona te reizen en besloot er te blijven. In 2006 huldigde hij het atelier La Casa de la Espiral in waar hij zijn werk tentoonstelt en lessen geeft in beeldhouwkunst, schilderkunst en juweelsmeedkunst.

«De thematiek is geïnspireerd op de wereld van de insecten, waarbij technieken en vormen uit de Middeleeuwen gerecupereerd worden.»

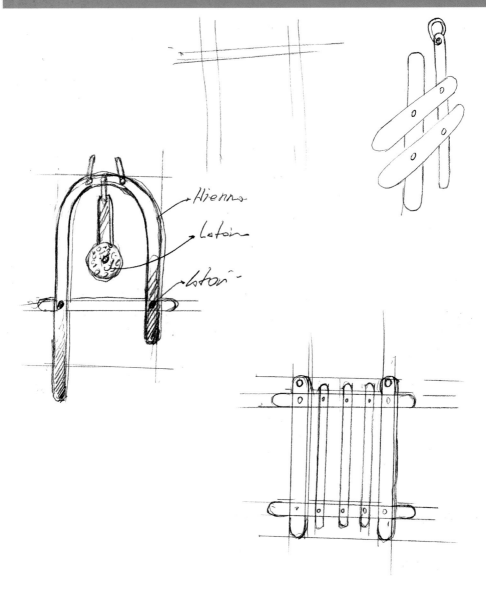

Hierro

Latón

Latón

Alenno

Colin

Francis Willemstijn

Francis Willemstijn was born in 1973 in Hoorn, the Netherlands. She graduated in 2000 as a teacher of traditional jewelry crafts. After a year of teaching, she decided to devote herself to jewelry design and studied for this at the Gerrit Rietveld Academie in Amsterdam between 2001 and 2004. She lives and works in Zaanstad, the Netherlands.

"I don't like drawing on large sheets, and my first drawings are often quite small. My notebook is about the size of a postcard, it's only big enough to outline nine pieces easily".

Francis Willemstijn est née en 1973 à Hoorn, aux Pays-Bas. En 2000, elle obtient son diplôme de professeur en bijouterie artisanale. Un an d'enseignement plus tard, elle décide de se consacrer à la création de bijoux et étudie pour cela à l'académie Gerrit Rietveld d'Amsterdam de 2001 à 2004. Elle vit et travaille à Zaanstad, aux Pays-Bas.

« Je n'aime pas dessiner sur de grandes feuilles, et mes premiers dessins sont souvent tout petits. Mon carnet est de la taille d'une carte postale, assez grand pour ébaucher facilement neuf pièces. »

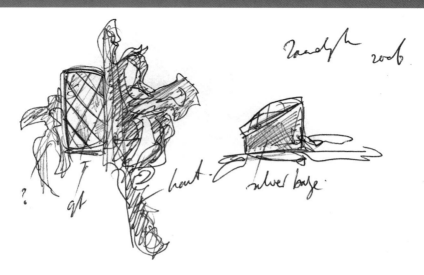

Francis Willemstijn wurde 1973 in Hoorn (Niederlande) geboren. Im Jahr 2000 machte sie ihr Diplom als Berufsschullehrerin im Fach Schmuckdesign. Nach einem Jahr Unterricht entschied sie, dass sie ihre Kenntnisse in Schmuckdesign vertiefen wollte, und studierte bis 2004 an der Gerrit Rietveld Academie in Amsterdam. Heute lebt und arbeitet sie in Zaanstad.

„Es geht eher um die Vorstellung, es aus meinem Kopf zu holen. Ich zeichne nicht gerne auf großen Blättern, meine ersten Zeichnungen sind normalerweise sehr klein. Mein Skizzenheft ist so groß wie eine Postkarte. Ich kann sogar neun Stücke auf einem Blatt entwerfen."

Francis Willemstijn werd in 1973 geboren in Hoorn (Nederland). In het jaar 2000 behaalde zij het lerarendiploma voor Juweelkunsten en -ambachten. Na een jaar lesgeven, besloot ze haar kennis van juweelsmeedkunst uit te breiden en ging hij tot 2004 aan de Gerrit Rietveld Academie in Amsterdam studeren. Tegenwoordig woont en werkt ze in Zaanstad.

«Het gaat er veeleer om het idee uit mijn hoofd te halen. Ik teken niet graag op grote bladen; mijn eerste tekeningen zijn meestal zeer klein. Mijn schetsboek heeft het formaat van een postkaart. Soms teken ik zelfs negen stukken op één blad.»

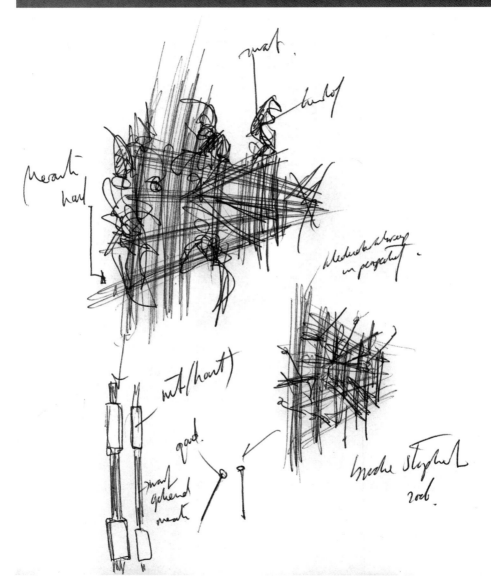

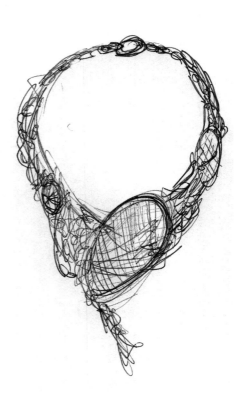

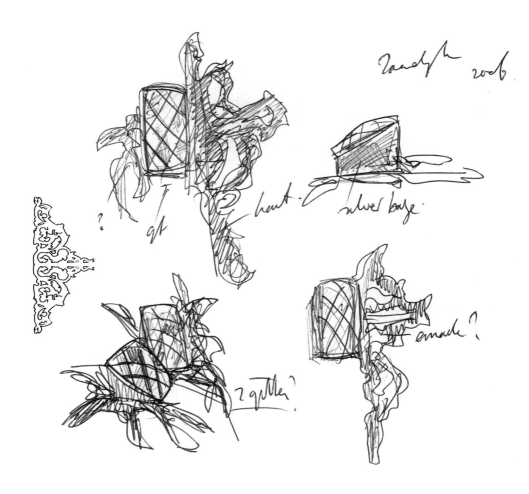

Gijs Bakker

Born in 1942, Gijs Bakker trained as a jeweler and industrial designer in Amsterdam and Stockholm. Bakker teaches in the Department of Design at the Academy of Fine Arts in Arnhem and at the University of Technology in Delft. He has also been a professor at the Design Academy in Eindhoven since 1987. He is probably best known to the general public for Droog Design, which he founded with Renny Ramakers.

"Drawing is very personal for me. I project my thoughts onto paper. It organizes my brain and improves my perception. It is only when I have studied all the details of an idea that I make a final drawing for the client and for the manufacturer who is going to make the piece".

Né en 1942, Gijs Bakker a suivi une formation de bijoutier et de designer industriel à Amsterdam et à Stockholm. Bakker enseigne au département de design de l'académie des Beaux-Arts d'Arnhem et à l'université de technologie de Delft. Il est aussi professeur à l'académie du design d'Eindhoven depuis 1987. Il est probablement mieux connu du grand public pour le Droog Design qu'il a fondé avec Renny Ramakers.

« Dessiner m'est très personnel. Je jette mes pensées sur le papier ; cela organise mon cerveau et améliore ma perception. Ce n'est que lorsque j'ai étudié tous les détails d'une idée que je fais un dessin définitif pour le client et le fabricant qui la réalisera. »

Gijs Bakker, Jahrgang 1942, bildete sich als Goldschmied und Industriedesigner in Amsterdam und Stockholm aus. Bakker unterrichtete in der Designabteilung der Akademie der Bildenden Künste in Arnhem und an der Fachhochschule in Delft. Seit 1987 ist er Lehrer an der Akademie für Design in Eindhoven. Wahrscheinlich ist er jedoch eher als Mitgründer von Droog Design zusammen mit Renny Ramakers bekannt.

„Zeichnen ist eine sehr persönliche Tätigkeit für mich. Ich mache Skizzen meiner Ideen auf Papier. Das hilft mir, meine Ideen zu ordnen, und verbessert meine Wahrnehmung. Solange eine Idee nicht ausgereift ist, fertige ich weder für Kunden noch für Fabrikanten endgültige Zeichnungen an."

Gijs Bakker, geboren in 1942, volgde zijn opleidingen als juwelier en industrieel ontwerper in Amsterdam en Stokholm. Bakker gaf lessen in de Ontwerpafdeling van de Academie voor Schone Kunsten in Arnhem en aan de Polytechnische Universiteit van Delft en is, sinds 1987, docent aan de Ontwerpacademie van Eindhoven, hoewel hij waarschijnlijk bekender is als de medestichter van Droog Design, samen met Renny Ramakers.

«Tekenen is voor mij een zeer persoonlijke activiteit; op papier maak ik ruwe schetsen van mijn gedachten. Het helpt me om mijn ideeën te ordenen en mijn perceptie te verbeteren. Tot een idee rijp is, maak ik nooit, noch voor de klant, noch voor de fabrikant, een definitieve tekening.»

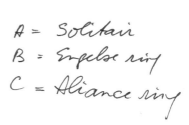

A = Solitair
B = Engelse ring
C = Aliance ring

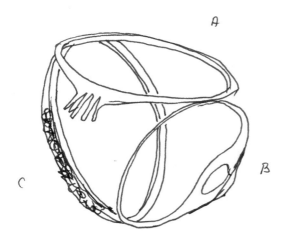

A

C

B

26-06-05

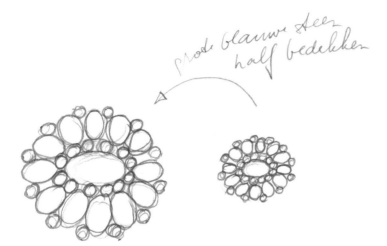

mode blauwe steen
half bedekken

22-05-05

H. Stern

Born in Essen, Germany, Hans Stern moved to Brazil with his family while still a child. At the age of 22, the young German immigrant and self-proclaimed Carioca, decided to take advantage of Brazil's unique resources. He also opened a museum dedicated to rough crystals and precious stones, which now houses his private collection of tourmalines. In 1958, he was the first jeweler in Latin America to set up his own gemological laboratory to analyze and classify stones and metals, and also to research new materials.

"The technical and design teams at H. Stern work together in small groups, following five different concepts: design, comfort, versatility, distinction, and personal pleasure".

Né à Essen, en Allemagne, Hans Stern part avec sa famille pour le Brésil alors qu'il est encore un enfant. À 22 ans, le jeune immigré allemand, carioca autoproclamé, décide de profiter des ressources uniques du Brésil. Il ouvre aussi un musée, dédié aux cristaux bruts et aux pierres précieuses, qui abrite aujourd'hui sa collection privée de tourmaline. En 1958, il est le premier bijoutier d'Amérique latine à créer son propre laboratoire de gemmologie qui analyse et classifie pierres et métaux, et recherche également de nouveaux matériaux.

«Chez H. Stern, les équipes techniques et créatives travaillent ensemble, par petits groupes, en suivant cinq concepts distincts : le design, le confort, la polyvalence, la signature et le plaisir personnel.»

Hans Stern wurde in Essen (Deutschland) geboren, aber seine Familie zog nach Brasilien, als er noch klein war. Mit 22 Jahren beschloss der junge deutsche Immigrant, der sich selbst als „Carioca" (aus Rio de Janeiro stammende Einwohner) bezeichnet, die außerordentlichen Ressourcen Brasiliens zu nutzen. Er eröffnete ein Museum mit Rohkristallen und Edelsteinen, in dem sich heute auch seine private Turmalinsammlung befindet. 1958 wurde er zum ersten Goldschmied Lateinamerikas, der sein eigenes Edelsteinlabor gründete, Edelsteine und -metalle untersuchte und klassifizierte und sich der Erforschung neuer Werkstoffe widmete.

„Bei H. Stern arbeiten technische und kreative Teams gemeinsam in kleinen Gruppen mit fünf klaren Konzepten: Design, Komfort, Vielseitigkeit, Marke und persönliche Zufriedenheit."

Hans Stern werd geboren in Essen (Duitsland), maar zijn familie verhuisde naar Brazilië toen hij nog een kind was. Op 22 jaar, besloot de jonge Duitse immigrant, die zichzelf «carioca» noemde (benaming voor de mensen uit Río de Janeiro), voordeel te halen uit de buitengewone rijkdommen van Brazilië. Hij huldigde een museum van ruwe kristallen en edelstenen in dat tegenwoordig ook een privécollectie toermalijnen herbergt. In 1958 werd hij de eerste juwelier van Latijns-Amerika die zijn eigen gemmologisch laboratorium oprichtte dat edelstenen en -metalen analyseerde en classificeerde en onderzoek verrichtte naar nieuwe materialen.

«Bij H. Stern werken de technische en creatieve teams samen in kleine groepen, volgens vijf duidelijke concepten: ontwerp, comfort, versatiliteit, naam en persoonlijke voldoening.»

rantes
s em OA | *Brinco* | *Felipe* 13/5 | B3EM _ 170.07

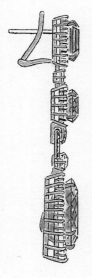

LINHA	ARTIGO	ELAB./DATA	Nº DESENHO
OURO NOBRE DIAM BROWN / DBR / LBR	PENTE	boune	PN1B 172107

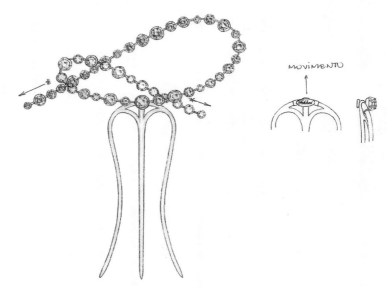

MOVIMENTO

- TODO POLIDO
- CHATÕES : BATE "ORGÂNICA"
- CRAVAÇÃO: C/ GRIFAS
* ARTICULADO — C/ MOVIMENTO SUAVE
→ MOVIMENTO C/ JOGO DE CHARNEIRA

LINHA — OSCAR 2006	ARTIGO	ELAB. / DATA	Nº DESENHO
— O. BRANCO c/ PALLADIUM — DIAMANTES	COLAR	baurc	C3B 173431

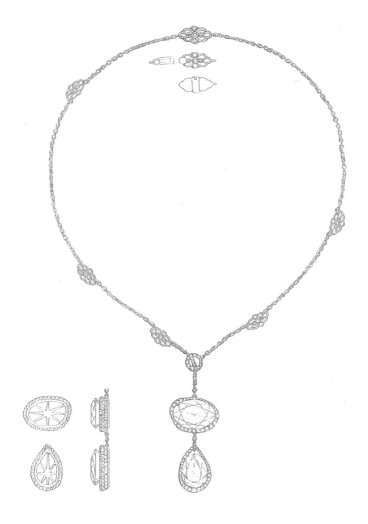

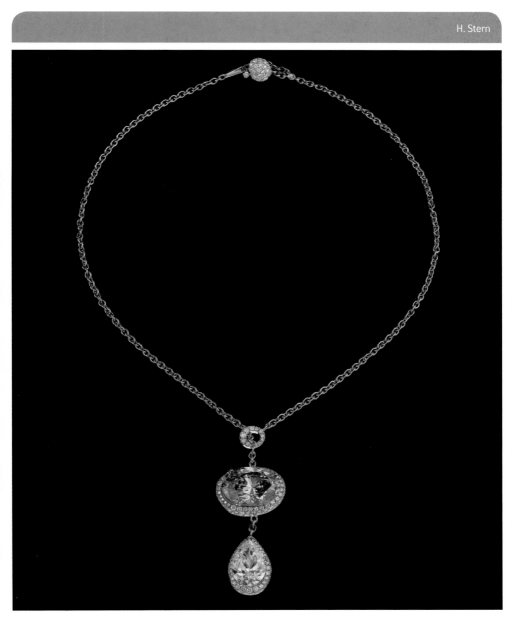

Helen Britton

Australian designer Helen Britton was born in Lithgow in 1966. She studied Fine Arts and received a Master's degree in 1999. During this period, she was a guest student at the Academy of Fine Arts in Munich, the Sandberg Institute in Amsterdam, and the San Diego State University. She decided to focus on jewelry making in 2005, obtaining a degree from the Academy of Fine Arts in Munich, where she still lives and works.

"Sometimes the drawings are detailed, and the digital drawings are often exhibited as separate pieces, next to the jewels. I also make other drawings that are very vague, and I must then design the process to resolve the technical problems".

Designer australienne, Helen Britton est née à Lithgow en 1966. Elle étudie à l'école des beaux-arts et obtient sa maîtrise en 1999. Durant cette période, elle suit en tant qu'étudiante invitée les cours de l'académie des beaux-arts de Munich, de l'institut Sandberg d'Amsterdam et de l'université d'État de San Diego. Elle décide de se consacrer à la bijouterie et obtient en 2005 le diplôme de l'académie des arts plastiques de Munich où elle vit et travaille encore.

« Parfois les dessins sont détaillés, et les dessins digitaux sont souvent exposés, en tant que pièces à part entière, à côté des bijoux. Parallèlement j'en dessine d'autres de manière très vague et je dois alors concevoir le processus qui résoudra les problèmes techniques. »

Die australische Designerin Helen Britton wurde 1966 in Lithgow geboren. Sie studierte Kunst und schloss 1999 einen Masterstudiengang ab. Während ihres Studiums nahm sie als Gasthörerin am Unterricht der Akademie der Bildenden Künste in München, dem Sandberg Institute in Amsterdam und abschließend an der San Diego State University in den USA teil, wo sie mit dem Schmuckdesign begann. 2005 machte sie ihr Diplom an der Akademie der Bildenden Künste in München, wo sie bis heute lebt und arbeitet.

„Manchmal sind die Zeichnungen detailliert, und digitale Zeichnungen werden häufig zusammen mit den Schmuckstücken als eigenständige Werke ausgestellt. Außerdem sind meine Skizzen sehr frei, sodass ich nachher einen Weg finden muss, um die technischen Probleme zu lösen."

De Australische ontwerpster Helen Britton werd in 1966 geboren in Lithgow. Ze studeerde Schone Kunsten en volgde in 1999 een master. In haar carrière volgde ze als toehoorder lessen aan de Academie voor Schone Kunsten van München, aan het Sandberg Institute in Amsterdam en uiteindelijk aan de San Diego State University, in de VS, waar ze begon met juweelsmeedkunst. In 2005 studeerde ze af aan de Akademie der Bildenden Künste in München, de stad waar ze nog steeds leeft en werkt.

«Soms zijn de tekeningen gedetailleerd, en vaak worden de digitale tekeningen samen met de juwelen tentoongesteld als stukken met een eigen waarde. Bovendien zijn mijn schetsen heel vrij, daarom moet ik achteraf vaak de manier vinden om de technische problemen op te lossen.»

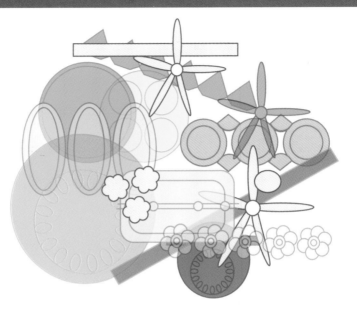

Jacomijn van der Donk

Jacomijn van der Donk, the daughter of an actor, was born in 1963 in Arnhem, the Netherlands. She grew up amid forests and fields, which has greatly influenced her. She enrolled at the Gerrit Rietveld Academie in Amsterdam in 1986, graduating in 1991. Van der Donk incorporates nature in her work in different ways.

"I think my drawings in this book clearly illustrate this – open to the outside, they collect and bring together what has been found to make a whole, to make everything complete".

Née en 1963 à Arnhem, aux Pays-Bas, Jacomijn van der Donk, fille d'acteur, a grandi au milieu des forêts et des champs, ce qui l'a grandement influencée. Elle s'inscrit à l'académie Gerrit Rietveld à Amsterdam en 1986. Elle obtient son diplôme en 1991. Van der Donk intègre la nature dans son travail de diverses manières.

« Je pense que mes dessins, dans ce livre, illustrent très bien ceci : s'ouvrir sur l'extérieur, ramener et réunir ce qu'on a trouvé pour en faire un tout, le rendre complet. »

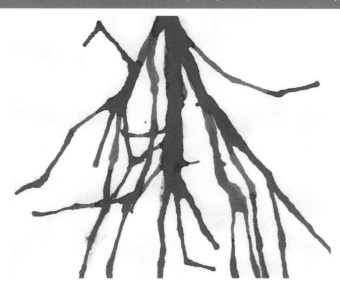

Jacomijn van der Donk wurde 1963 in Arnhem (Niederlande) als Tochter eines Schauspielers geboren und wuchs zwischen Wäldern und Feldern auf. Diese Umgebung beeinflusste sie enorm. 1986 schrieb sie sich an der Gerrit Rietveld Academie in Amsterdam ein, wo sie 1991 ihr Diplom machte. Van der Donk lässt die Natur in ihrem Werk auf sehr unterschiedliche Arten fließen.

„Ich glaube, meine Zeichnungen in diesem Buch zeigen es sehr gut: Sie nehmen auf, was ich gefunden habe, und machen daraus wieder ein Ganzes."

Jacomijn van der Donk, geboren in 1963 te Arnhem (Nederland), groeide op als dochter van een acteur, tussen bossen en velden, een omgeving die haar enorm beïnvloed heeft. In 1986 schreef ze zich in aan de Gerrit Rietveld Academie in Amsterdam. Ze studeerde af in 1991. Van der Donk laat de natuur op zeer gevarieerde wijzen in haar werk doorstromen.

«Ik denk dat de tekeningen in dit boek dat heel goed weergeven: bundelen wat ik gevonden heb en er opnieuw een geheel van maken.»

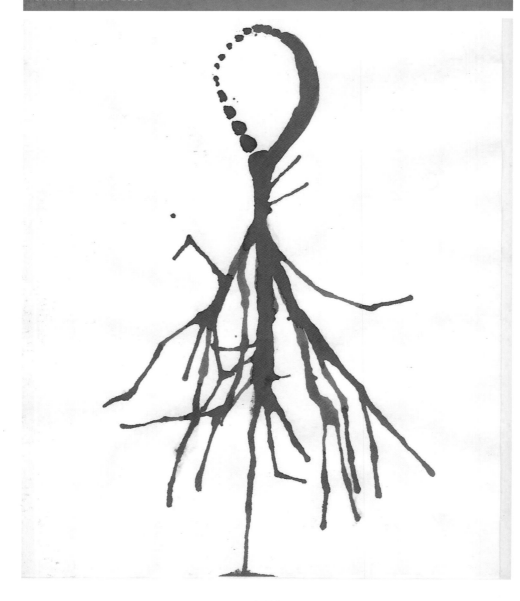

Jiri Sibor

Jiri Sibor was born in 1966 in Brno, the Czech Republic. He finished his jewelry studies at the Kurim Vocational School in 1991. He has always lived and worked in Brno. Sibor's work and style follow a path that is parallel to that of contemporary jewelry.

"Drawing is the physical support for my mental ideas; I project with my pencil".

Jiri Sibor est né en 1966 à Brno, en République tchèque. Il finit ses études de bijouterie au lycée de Kurim en 1991. Il vit et travaille toujours à Brno. Le travail et l'esthétique de Sibor tracent un chemin parallèle à celui de la bijouterie contemporaine.

« Dessiner est le support de mes idées mentales, lorsque j'anticipe par crayon interposé. »

RECONSTRUCTED
CORAL

Jiri Sibor wurde 1966 in Brno (Tschechische Republik) geboren, wo er auch heute lebt und arbeitet. 1991 schloss er seine Ausbildung in Schmuckdesign an der Technischen Hochschule für Metalle und an der Berufsoberschule in Kurim ab. Seitdem hat Sibors Tätigkeit und Ästhetik eine parallele Linie zur Entwicklung des zeitgenössischen Schmuckdesigns verfolgt.

„Die Zeichnungen sind der Stützpunkt meiner Ideen. Auf ihnen ‚plane ich' mit Bleistift."

Jiri Sibor werd in 1966 geboren in Brno (Tsjechië), de stad waar hij leeft en werkt. Hij beëindigde in 1991 zijn opleiding in juweelsmeedkunst aan de Technische Hogeschool voor Metalen en aan de Beroepshogeschool van Kurim. Sindsdien volgden het werk en de esthetica van Sibor een parallelle lijn met de ontwikkeling van de hedendaagse juweelsmeedkunst.

«De tekeningen zijn de steunpunten van mijn ideeën. Daarin "maak ik plannen" met potlood.»

BRACELET 2006

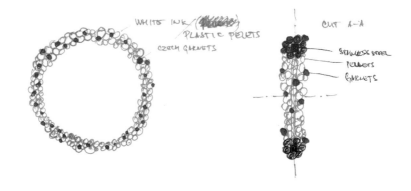

WHITE INK
PLASTIC PELLETS
CZECH GARNETS

CUT A-A

STAINLESS STEEL
PELLETS
GARNETS

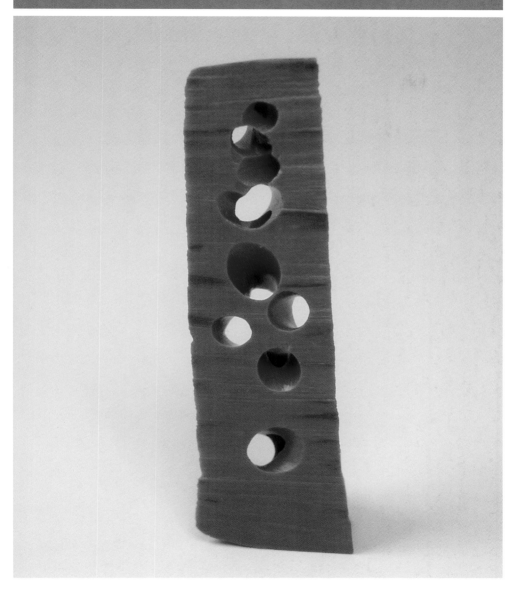

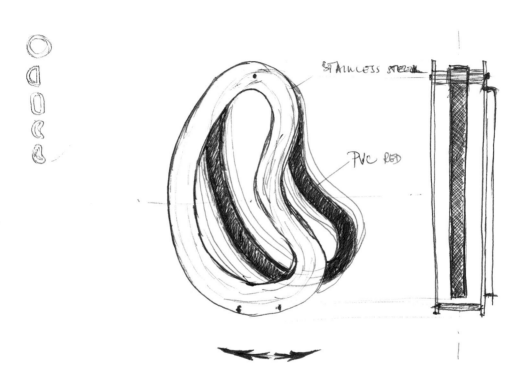

STAINLESS STEEL

PVC RED

KINETIC BROOCH 1997 'DUPLEX MOBILE'

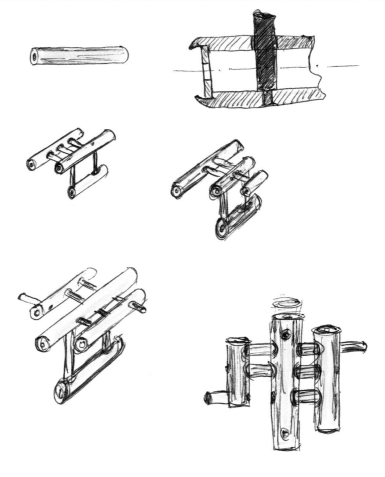

RING 1994   ' TUBES

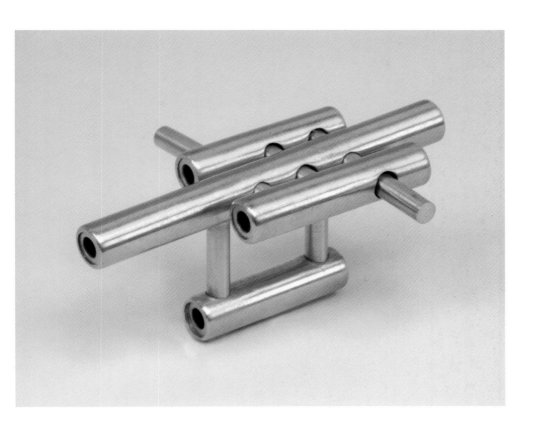

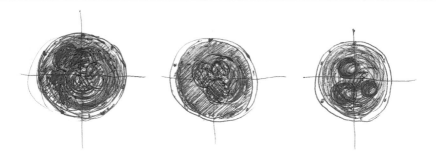

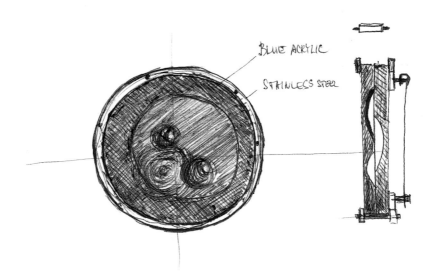

BLUE ACRYLIC

STAINLESS STEEL

BROOCH 2000

Jiro Kamata

Jiro Kamata was born in 1978 in Hirosaki, Japan. He spent his childhood in Japan before moving to Munich to study jewelry under Professor Otto Künzli at the Academy of Fine Arts. He settled in Germany after his graduation in 2006.

"The sun is filtered by the trees. The street is dotted with spots of light. The sun will swell with a blue filter".

Jiro Kamata est né en 1978 à Hirosaki. Il passe son enfance au Japon puis s'installe à Munich pour suivre les cours de bijouterie du professeur Otto Künzli à l'académie des arts plastiques. Depuis l'obtention de son diplôme en 2006, il vit en Allemagne.

« Le soleil filtre à travers les arbres. La rue est mouchetée de taches de lumière. Avec un filtre bleu, le soleil sera gonflé. »

Jiro Kamata wurde 1978 in der japanischen Stadt Hirosaki geboren. Er verbrachte seine Kindheit in seinem Geburtsland und zog später nach München. Dort besuchte er die Abteilung für Schmuckdesign der Akademie der Bildenden Künste und studierte unter der Leitung von Professor Otto Künzli. 2006 machte er sein Diplom und lebt weiterhin in Deutschland.

„Die Sonnenstrahlen bahnen sich ihren Weg durch die Bäume hindurch. Mehrere Lichtpunkte werden auf der Straße reflektiert. Mit dem blauen Filter wird das Sonnenlicht aufgefangen."

Jiro Kamata is afkomstig uit de Japanse stad Hirosaki, waar ze in 1978 geboren werd. Ze bracht haar kindertijd in haar geboorteland door en daarna vertrok ze naar München om er aan de Academie voor Schone Kunsten, in de Afdeling Juweelontwerp te gaan studeren onder leiding van professor Otto Künzli. Ze behaalde in 2006 haar diploma en woont nog steeds in Duitsland.

«De zonnestralen dringen door de bomen. Er worden verscheidene lichtpunten weerkaatst in de straat. Dankzij de blauwe filter zal het zonlicht gevat worden.»

Jodi Bloom

Jodi Bloom is the designer behind So Charmed. She considers herself very lucky to have found a productive and relatively safe ("unless I have a drill in my hand") way of focusing her permanent creative energy on the design of jewelry to match the glamor and danger of today's society.

"I've been drawing all my life and I studied fine arts at university, so I've mastered the anatomical drawing, and things like that. I draw a lot, on almost anything – notebooks, scraps of paper, or corners of napkins – whatever I have on hand. It's not so much drawing the piece as it will look, it's more about projecting an idea on paper; it helps me to remember these flashes of inspiration".

Jodi Bloom est la designer qui se cache derrière So Charmed (« ensorcelé »). Elle se considère très chanceuse d'avoir trouvé un moyen productif et relativement sans danger (« tant que je n'ai pas une perceuse en main ») de focaliser son énergie créative permanente sur la composition de bijoux en phase avec le glamour et les dangers de la société actuelle.

« J'ai dessiné toute ma vie et j'ai étudié les beaux-arts à l'université, je maîtrise donc le dessin anatomique, etc. Je dessine beaucoup, à peu près sur n'importe quoi, carnets, bout de papier ou coin de nappe, ce que j'ai sous la main. Ce n'est pas tant dessiner ce que sera la pièce, il s'agit plus de jeter une idée sur le papier, ça m'aide à conserver ces flashes d'inspiration.»

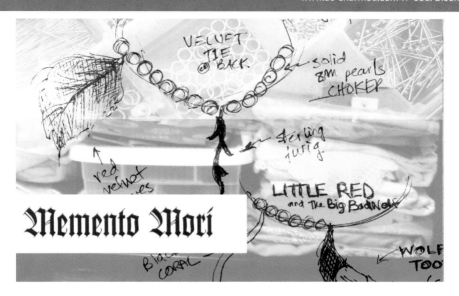

Memento Mori

Jodi Bloom ist die Designerin und Erzählerin, die hinter So Charmed steht. Sie sieht es als Glück, einen produktiven und relativ sicheren Weg gefunden zu haben – „zumindest wenn ich einen Bohrer in der Hand habe", wie sie sagt – um ihre unaufhaltsame kreative Energie in die Suche nach Schmuckwaren zu leiten, die auf der gleichen Wellenlänge liegen sollen wie die glamourösen und gefährlichen Zeiten, in denen wir leben.

„Ich habe mein ganzes Leben lang gezeichnet und mich an der Universität auf Bildende Künste spezialisiert, d. h. ich habe Aktzeichnung und solche Dinge gelernt. Ich zeichne viel. Meistens skizziere ich meine Ideen in mein Heft, auf ein Stück Papier, eine Serviette oder was ich gerade bei der Hand habe. Dabei geht es mir nicht so sehr darum, das zukünftige Aussehen des Teils zu zeichnen, sondern um das Festhalten der Idee auf Papier, damit ich diese Geistesblitze nicht vergesse."

Jodi Bloom is de ontwerpster en vertelster achter So Charmed. Ze prijst zich gelukkig dat ze een productieve en redelijk veilige manier gevonden heeft -«tenzij ik een boor in de handen heb», zegt ze- om haar onstuitbare creatieve energie in de richting te leiden van een zoektocht naar juwelen die in harmonie zijn met de glamoureuze en gevaarlijke tijden waarin we leven.

«Ik heb heel mijn leven lang al getekend en specialiseerde me in Schone Kunsten aan de universiteit, daarom ging ik anatomisch tekenen en dergelijke studeren. Ik teken veel. Meestal schets ik mijn ideeën in mijn blocnote, op een stuk papier, op een serviette, op gelijk wat ik bij de hand heb. Het gaat er niet zozeer om het stuk zelf te tekenen maar veeleer om een idee weer te geven op papier zodat het mij achteraf helpt deze vonken van inspiratie te recupereren.»

Julia deVille

Born in Wellington, New Zealand, Julia deVille became interested at an early age in the connection between life and death. At the age of 5, she learned how to scale and clean a fish from her father. In 2002 she met Rudy Mineur, a talented taxidermist, who taught her his technique. She moved to Melbourne to study jewelry in 2003 and 2004. She fell in love with it immediately. She still lives in Melbourne.

"I drew a lot, especially at school and when I was studying fashion. Today I have less opportunity than I would like to. I am preparing an exhibition for which I'm making whole animal skeletons in metal. The pieces will be accompanied with their preliminary studies in pencil".

Originaire de Wellington, en Nouvelle-Zélande, Julia deVille s'intéresse très tôt au rapport entre la vie et la mort : à 5 ans, elle apprend de son père comment écailler et vider un poisson. En 2002 elle rencontre Rudy Mineur, un taxidermiste de talent, qui lui enseigne sa technique. Elle s'oriente de 2003 à 2004 vers des études de bijouterie à Melbourne : c'est le coup de coeur immédiat. Elle vit toujours à Melbourne.

« Je dessinais énormément, surtout à l'école et quand j'étudiais la mode. Aujourd'hui j'en ai moins l'occasion que je ne le voudrais. Je prépare une exposition pour laquelle je fais des squelettes entiers d'animaux en métal. J'accompagnerai ces pièces de leurs études préparatoires au crayon. »

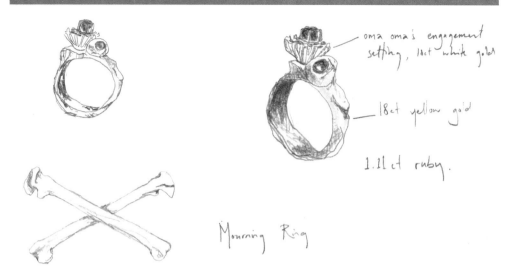

oma oma's engagement setting, 18ct white gold

18ct yellow gold

1.11 ct ruby.

Mourning Ring

Julia deVille wurde in Wellington (Neuseeland) geboren und begann früh, sich für Leben und Tod zu interessieren: Ihr Vater, ein passionierter Taucher, lehrte sie mit fünf Jahren, Fische zu schuppen und auszunehmen. 2002 lernte sie Rudy Mineur, einen talentierten Präparator kennen, der ihr diese Konservierungstechnik beibrachte. Von 2003 bis 2004 studierte sie Schmuckdesign in Melbourne und war sofort begeistert. Seitdem widmet sie sich dem Schmuckdesign und lebt weiterhin in Melbourne.

„Ich malte viel, vor allem, als ich zur Schule ging und während meines Designstudiums. Aber heute zeichne und male ich weniger als mir lieb ist. Nächstes Jahr zeige ich eine Ausstellung, für die ich gegliederte Tierskelette aus Metall herstellen werde. Diese Werke werde ich zusammen mit Bleistiftstudien der Skelette zeigen."

Julia deVille, afkomstig uit Wellington (Nieuw-Zeeland) begon zich al vroeg voor het leven en de dood te interesseren: haar vader, een duikliefhebber, leerde haar hoe ze vissen moest schrappen en ontweien toen ze vijf jaar oud was. In 2002, leerde ze Rudy Mineur kennen een talentvolle taxidermist die haar deze bewaartechniek aanleerde. Van 2003 tot 2004 ging ze naar Melbourne om er juweelsmeedkunst te studeren en ze was er meteen door geboeid. Sindsdien wijdt ze zich aan de juweelsmeedkunst en ze woont nog steeds in Melbourne.

«Ik tekende vaak, vooral toen ik naar school ging en tijdens mijn studies vormgeving, maar nu teken of schilder ik lang niet zoveel als ik eigenlijk zou willen. Volgend jaar ga ik een tentoonstelling voorstellen waarvoor ik metalen gearticuleerde dierenskeletten heb gemaakt. Deze stukken zullen vergezeld worden van potloodstudies van de skeletten.»

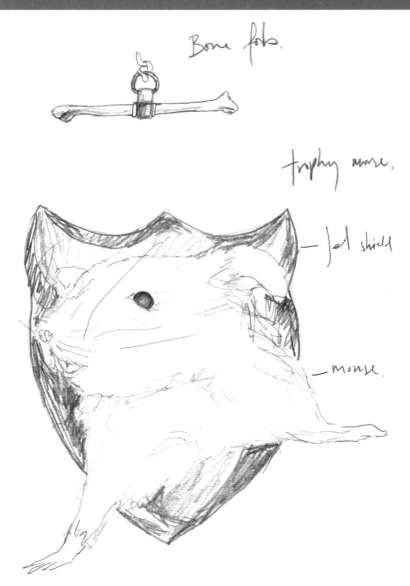

Bone fobs.

trophy mouse,

— Jet shield

— mouse.

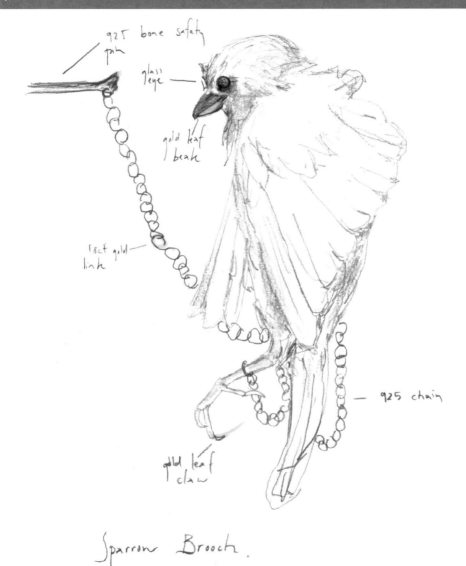

925 bone safety
pin

glass
eye

gold leaf
beak

14ct gold
link

925 chain

gold leaf
claw

Sparrow Brooch.

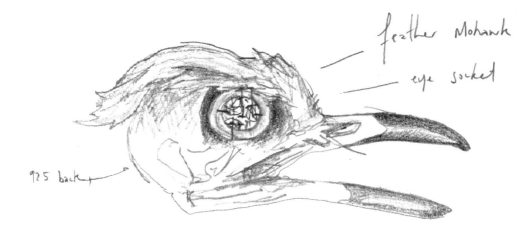

feather Mohawk

eye socket

925 back

Bird Skull Brooch

full of diamonds.

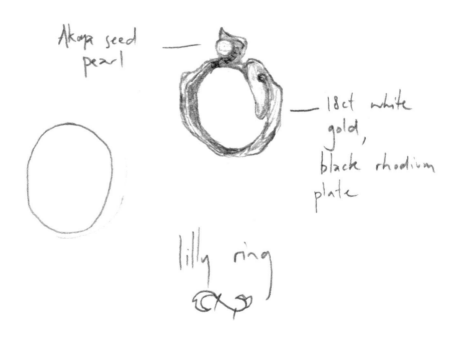

Akoya seed
pearl

18ct white
gold,
black rhodium
plate

lilly ring

Kadri Mälk

Kadri Mälk was born in 1958 in Tallinn, Estonia, the daughter of a psychologist and a doctor. She studied Fine Art at the Tartu Art School, before turning to jewelery studies at the Estonian Academy of Arts, where she graduated in 1986. She has since worked as a freelance artist.

"I started drawing when I was 3 years old. I've never been bored since".

Kadri Mälk est née en 1958 à Tallinn, sur la côte nord de l'Estonie, de parents psychologue et médecin. Elle étudie les beaux-arts à l'école d'art de Tartu, puis se consacre à la bijouterie à l'académie d'art estonienne où elle obtient son diplôme en 1986. Elle travaille depuis comme artiste indépendante.

« J'ai commencé à dessiner quand j'avais 3 ans. Depuis, je ne me suis plus jamais ennuyée. »

Kadri Mälk, deren Eltern sich der Psychologie und der Physik widmeten, wurde 1958 in Tallin (Estland) geboren. Zuerst studierte sie Kunst an der Kunstschule in Tartu und später besuchte sie die estnische Kunstakademie, um Schmuckdesign zu studieren. 1986 machte sie ihr Diplom und arbeitet seitdem als selbstständige Künstlerin.

„Ich habe mit drei Jahren mit dem Zeichnen begonnen und bin dessen nie müde geworden."

Kadri Mälk, wiens ouders zich aan de psychologie en aan de fysica wijdden, werd in 1958 geboren in Tallin (Estland). Eerst studeerde ze Schone Kunsten aan de Kunstschool van Tartu en, later, ging ze naar de Kunstacademie in Estland om er Juweelontwerp te studeren. Ze studeerde af in 1986 en sindsdien werkt ze als freelance kunstenaar.

«Ik begon met tekenen toen ik drie was, en ik ben het nooit beu geworden.»

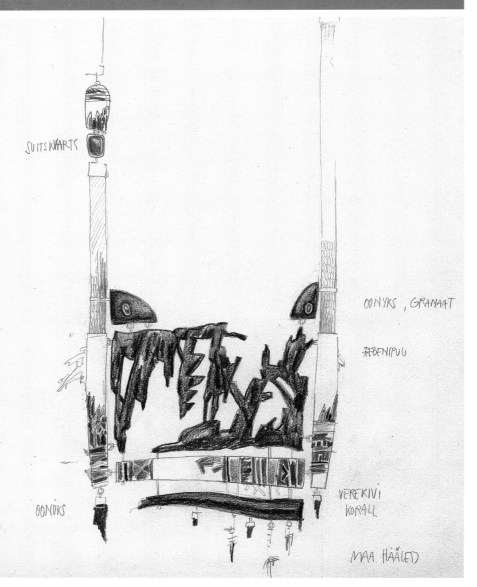

SUITSKWARTS

OONYKS , GRANAAT

EEBENIPUU

OONÜKS

VEREKIVI
KORALL

MAA HÄÄLED

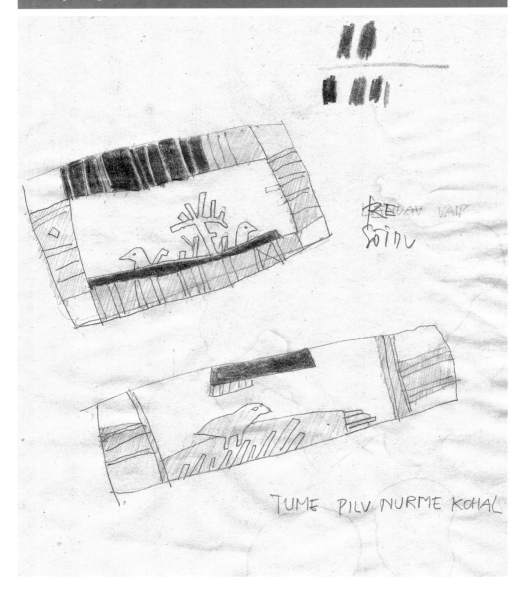

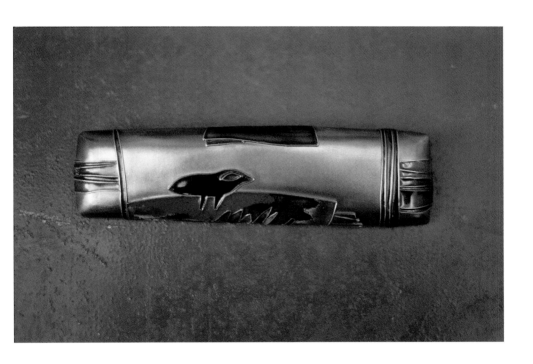

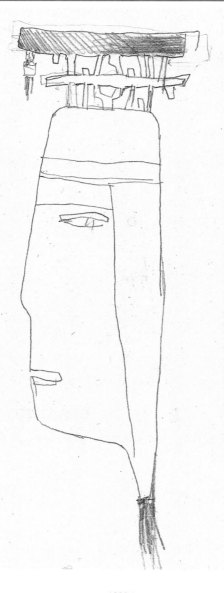

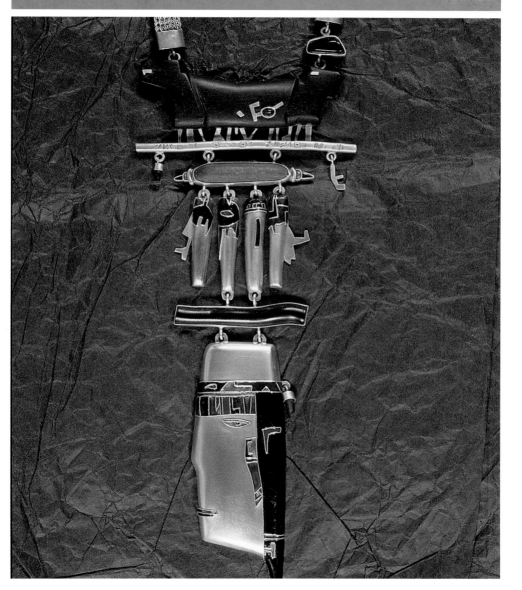

Karin Seufert

Born in 1966 in Mannheim, Germany, Karin Seufert began studying jewelry at the Schoonhoven Vocational School in the Netherlands in 1985. She graduated as a metalsmith in 1989 and spent a year in Amsterdam as an intern. She then prepared for the entrance examination to enter the Gerrit Rietveld Academie, where she enrolled in the jewelry course, graduating in 1995. She moved to Berlin in 1998, and still lives there.

"I don't normally draw before starting my work; I work directly on the material. I usually only draw a few lines to record my ideas. When the piece is finished, I make a little drawing with details of the jewel, as a reference on paper".

Née en 1966 à Mannheim, en Allemagne, Karin Seufert commence ses études de bijouterie en 1995 à l'école de Schoonhoven, aux Pays-Bas. En 1989 elle obtient son diplôme d'orfèvrerie et part un an à Amsterdam suivre un stage pratique. Elle prépare alors l'examen d'entrée à l'académie Gerrit Rietveld, où elle s'inscrit en bijouterie. Diplômée en 1995, elle déménage en 1998 à Berlin, où elle vit toujours.

« Normalement je ne dessine pas avant de commencer mon travail, mais directement sur le matériau. Habituellement, je ne trace que quelques lignes pour fixer mes idées. Quand la pièce est finie, je fais un petit dessin avec les détails du bijou ; c'est une référence sur papier. »

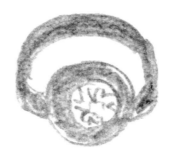

Karin Seufert wurde 1966 in Mainz (Deutschland) geboren und begann 1985 ihre Ausbildung in Schmuckdesign an der Schule in Schoonhoven (Niederlande). Sie lernte Gold- und Silberschmiedekunst und machte 1989 nach ihrem Diplom ein einjähriges Praktikum in Amsterdam. Danach bereitete sie sich für die Aufnahmeprüfung an der Gerrit Rietveld Academie vor, wo sie anschließend ihr Studium in der Abteilung für Schmuckdesign absolvierte. 1995 machte sie ihr Diplom und zog 1998 von Amsterdam nach Berlin, wo sie heute lebt.

„Normalerweise mache ich nie Zeichnungen, bevor ich zu arbeiten beginne. Ich zeichne direkt auf das Material. Generell mache ich nur kleine Skizzen, um meine Idee schnell darstellen zu können. Wenn ich das Stück beendet habe, erstelle ich eine kleine Zeichnung, um das Bild mit der gesamten Information über das Schmuckstück auf Papier festzuhalten."

Karin Seufert werd in 1966 geboren in Maguncia (Duitsland) en begon in 1985 haar opleiding in juweelsmeedkunst aan de School van Schoonhoven (Nederland). Ze leerde edel- en zilversmeedkunst en liep, na het afstuderen, in 1989, een jaar praktijk in Amsterdam, waarna ze zich voorbereidde voor het ingangsexamen aan de Gerrit Rietveld Academie, waar ze uiteindelijk haar opleiding voltooide in de Afdeling Edelsmeden. Ze studeerde af in 1995 en verhuisde in 1998 van Amsterdam naar Berlijn waar ze tegenwoordig woont.

«Normaal gezien maak ik nooit tekeningen alvorens met werken te beginnen. Ik teken direct op het materiaal. In het algemeen maak ik alleen kleine schetsen om snel mijn idee te kunnen uitwerken. Wanneer ik het stuk afwerk, maak ik een kleine tekening om het beeld op papier vast te leggen met alle informatie aangaande het juweel.

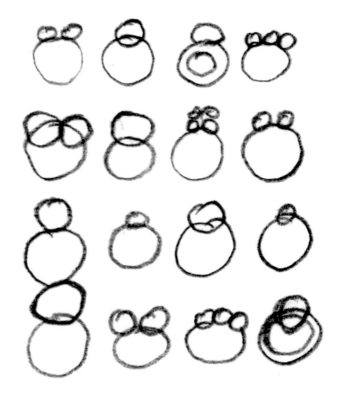

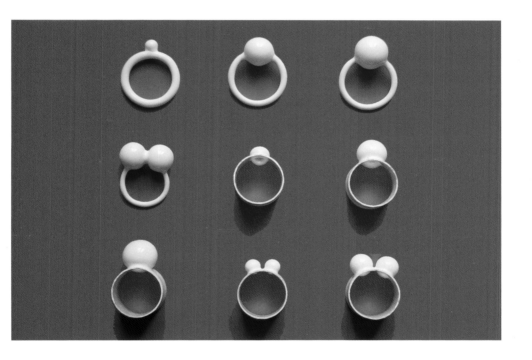

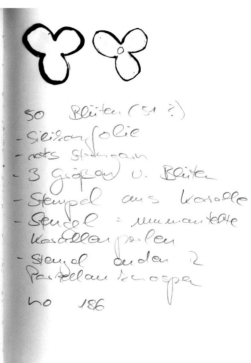

Brillant Ring

- Gußmodell mit Gravur.

19
25
29
03.12

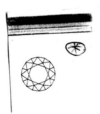

O 10.0 mm
carre 0.5 mm
Stempel
Facetten malen
lassen

Karl Fritsch

Karl Fritsch was born in 1963 in Sonthofen, Germany. He studied at the Pforzheim goldsmithing school between 1982 and 1985, before working for C. Neusser from 1985 through 1994. During this time, he took courses taught by Professors Hermann Jünger and Otto Künzli at the Academy of Fine Arts in Munich. Since graduating in 1994, he has had his own studio in Munich where he works as a freelance jeweler.

"Drawing is a way to store the memory of an idea".

Karl Fritsch est né en 1963 à Sonthofen, en Allemagne. De 1982 à 1985, il étudie à l'école d'orfèvrerie de Pforzheim, puis de 1985 à 1994 il travaille pour C. Neusser. Parallèlement, il suit les cours des professeurs Hermann Jünger et Otto Künzli à l'académie des arts plastiques de Munich. Depuis son diplôme, en 1994, il a son propre atelier à Munich en tant que bijoutier indépendant.

« Dessiner est un moyen de stocker la mémoire d'une idée. »

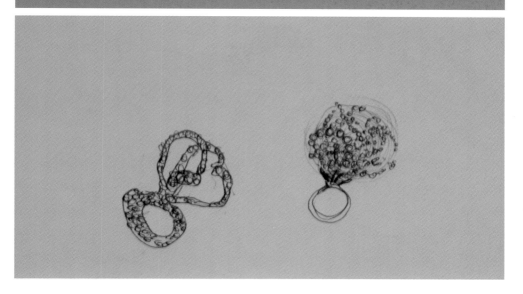

Karl Fritsch wurde 1963 in Sonthofen (Deutschland) geboren. Von 1982 bis 1985 lernte er an der Goldschmiedeschule in Pforzheim und von 1985 bis 1994 kombinierte er seine Tätigkeit für C. Neusser mit seinem Studium an der Akademie der Bildenden Künste in München, unter der Leitung von Hermann Jünger und Otto Künzli. Seit seinem Studienabschluss 1994 hat er als selbstständiger Goldschmied in seiner Werkstatt in München gearbeitet.

„Zeichnen ist eine Art, eine Idee im Gedächtnis zu speichern."

Karl Fritsch werd in 1963 geboren in Sonthofen (Duitsland). Hij studeerde van 1982 tot 1985 aan de School voor Edelsmeedkunst in Pforzheim en, van 1985 tot 1994, combineerde hij zijn werk voor C. Neusser met zijn studies aan de Academie voor Schone Kunsten in München, onder leiding van Hermann Jünger en Otto Künzli. Sinds hij in 1994 zijn diploma behaalde, werkt hij als zelfstandig juwelier in zijn atelier in München.

«Tekenen is een manier om een idee in het geheugen op te slaan.»

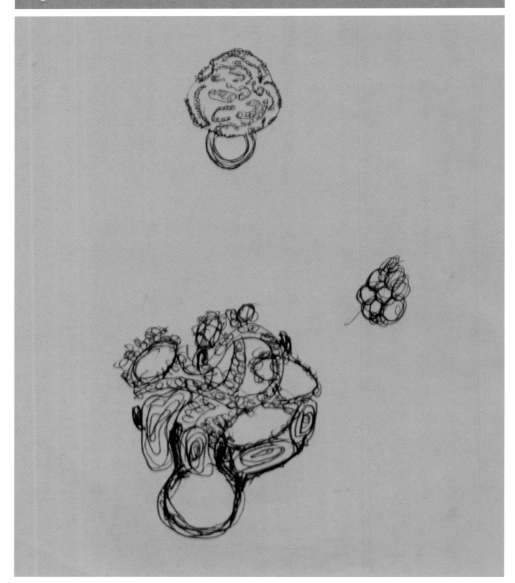

Johannes Schwarz 882893
Suska 171312

Katheryn Leopoldseder

The young designer Katheryn Leopoldseder was born in Melbourne, Australia, in 1980. She graduated with a fine arts honors degree in jewelry from the Royal Melbourne Institute of Technology in 2004. She lives in Melbourne and works in her own studio nestling inside the historic walls of the Abbotsford Convent.

"I think the lack of relief in drawing makes it surprisingly inadequate. I need a combination of drawings, writings and models. I sometimes photocopy my drawings on acetate that I cut out, and I superimpose and assemble them until they virtually become pieces themselves".

Katheryn Leopoldseder, une jeune designer, est née en 1980 à Melbourne, en Australie.
En 2004, elle obtient sa licence des beaux-arts en orfèvrerie avec mention à l'Institut royal de technologie de Melbourne. Depuis, elle vit à Melbourne et travaille dans son studio niché dans l'enceinte historique du couvent d'Abbotsford.

« Je trouve que le manque de relief du dessin le rend étonnamment inadéquat. J'ai besoin d'une combinaison de dessins, d'écrits et de maquettes. Parfois je photocopie mes dessins sur de l'acétate que je découpe, et je les superpose et les assemble jusqu'à ce qu'ils deviennent pratiquement des bijoux eux-mêmes. »

Die junge Designerin Katheryn Leopoldseder wurde 1980 in Melbourne (Australien) geboren. 2004 machte sie am Royal Melbourne Institute of Technology ihr Diplom in Gold- und Silberschmiedekunst an der Fakultät für Bildende Kunst. Seitdem lebt sie Melbourne und arbeitet in ihrem Atelier, das im historischen Abbotsford Convent liegt.

„Eine einfache Skizze scheint mir in ihrer flachen Form ziemlich ungeeignet. Daher bin ich gezwungen, Zeichnung, Texte und Modelle zu kombinieren. Manchmal kopiere ich meine Zeichnungen auf Acetatfolien, schneide sie aus und mache daraus Teile, die selbst Schmuckstücke sind."

 De jonge ontwerpster Katheryn Leopoldseder werd in 1980 in Melbourne (Australië) geboren. Ze voltooide haar studie Schone Kunsten in Edel- en Zilversmeedkunst aan het Royal Melbourne Institute of Technology in 2004. Sindsdien leeft ze in Melbourne en werkt ze in haar eigen studio, in het historische klooster van Abbotsford.

«Een gewone schets lijkt me nogal ongeschikt in haar vlakke vorm. Daardoor wordt ik verplicht tekening, teksten en maquettes te combineren. Soms fotokopieer ik mijn tekeningen op acetaatplaten, dan snijd ik ze uit en creëer ik daarmee stukken die juwelen op zich zijn.»

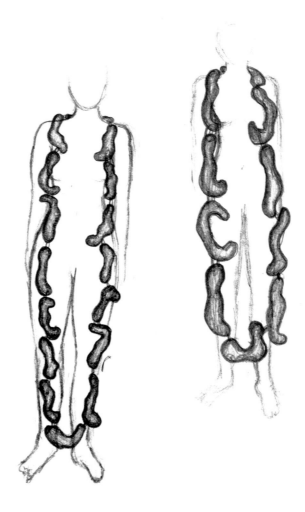

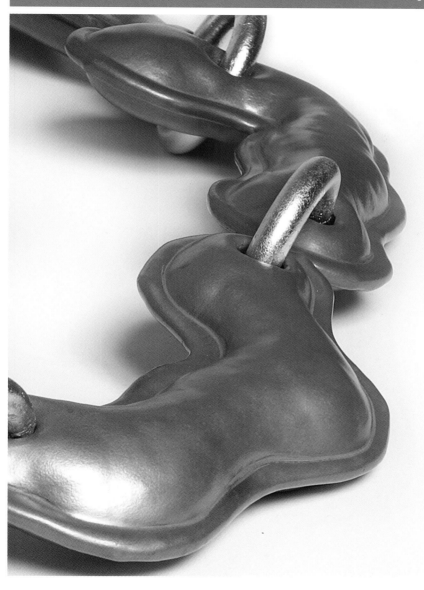

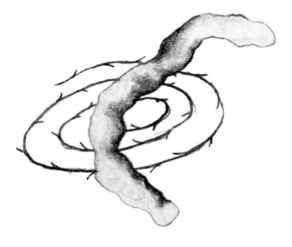

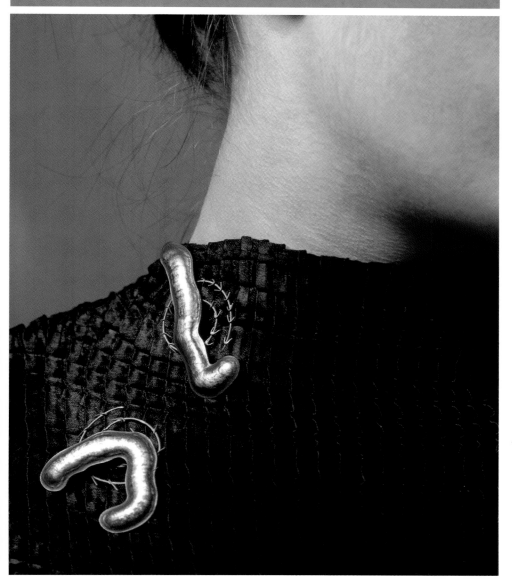

Katja Prins

Katja Prins was born in Haarlem, near Amsterdam, in the Netherlands. She trained as a metalsmith in the small town of Schoonhoven. It was then that she realized jewelry went beyond simple technical skills, so she enrolled at the Gerrit Rietveld Academie, graduating in 1997. She lives and works in Haarlem.

"Drawing is just a way of remembering my ideas, of taking notes. The creative process takes place during the 'making' of the piece".

Katja Prins est née à Haarlem, près d'Amsterdam. Elle suit sa formation d'orfèvre dans la petite ville de Schoonhoven. C'est à cette époque qu'elle réalise que la bijouterie dépasse les simples compétences techniques ; elle s'inscrit donc à l'académie Gerrit Rietveld dont elle sort diplômée en 1997. Elle vit et travaille à Haarlem.

« Dessiner est juste un moyen de ne pas oublier mes idées, de prendre des notes. Le processus créatif se met en place pendant le "faire". »

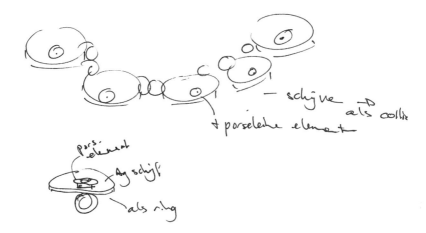

Katja Prins wurde in Haarlem, in der Nähe von Amsterdam geboren, wo sie lebt und arbeitet. Sie absolvierte ihre Ausbildung zur Goldschmiedin in einer kleinen Stadt namens Schoonhoven. Zu dieser Zeit stellte sie fest, dass für das Schmuckdesign etwas mehr als technische Geschicklichkeit notwendig ist. Aus diesem Grund begann sie ein Studium an der Gerrit Rietveld Academie, wo sie 1997 ihr Diplom machte.

„Für mich ist die Zeichnung eine einfache Art, meine Ideen nicht zu vergessen und Notizen zu machen. Die Schöpfung erfolgt während des gesamten Prozesses."

Katja Prins werd geboren in Haarlem, dichtbij Amsterdam, waar ze leeft en werkt. Ze volgde haar opleiding in edelsmeedkunst in de kleine stad Schoonhoven. Het was in die periode dat ze zich realiseerde dat voor juweelsmeedkunst wel wat meer nodig is dan technische vaardigheid alleen, dus ging ze aan de Gerrit Rietveld Academie studeren waar ze in 1997 afstudeerde.

«Voor mij is tekenen een eenvoudige manier om mijn ideeën niet te vergeten, een manier van noteren. De creatie gebeurt tijdens het "proces".»

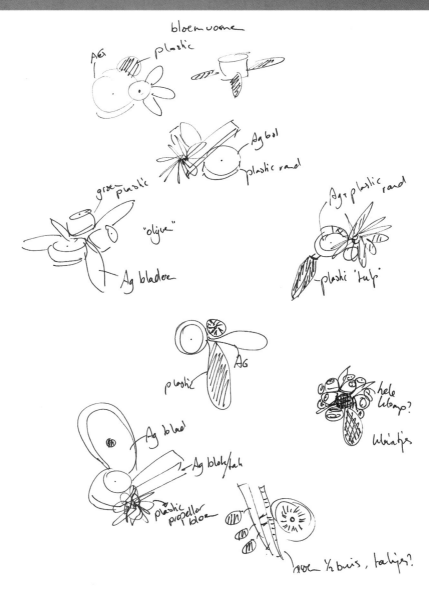

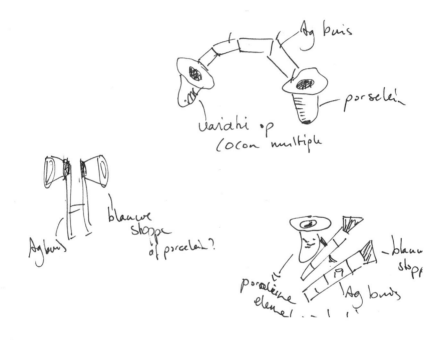

Ag buis

porselein

vaidhi op
cocon multiple

blanwe
Stoppe
of porcelein?

Ag buis

blanw
sbpp

porseleine
element

Ag buis

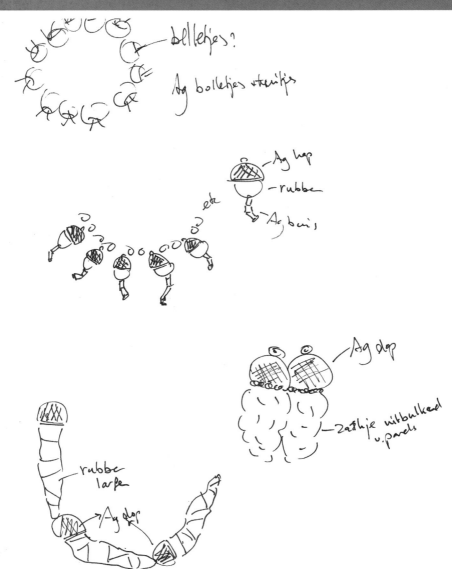

belletjes?

Ag bolletjes steentjes

— Ag hap
— rubbe
— Ag buis

ete

— Ag dop

— Zaatje uitbollked
v. parels

rubbe
larpe

— Ag dop

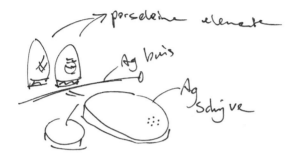

porseleine elemete

Ag buis

Ag schijve

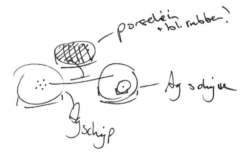

porcelein
+ bol. rubber!

Ag schijve

schijp

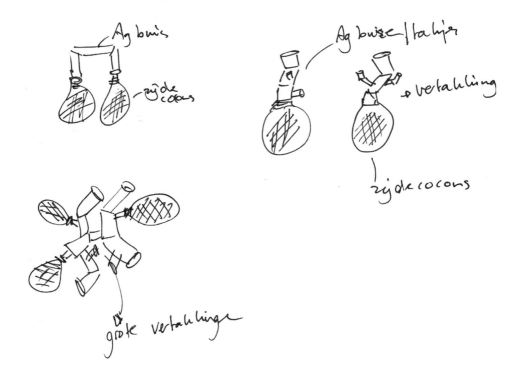

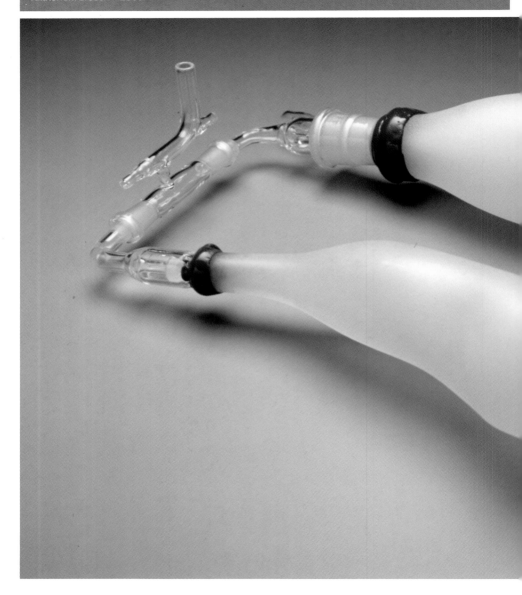

Klaus Bürgel

At the age of 16, Klaus Bürgel left Radolfzell, Germany, with his parents and settled in a village on the shores of Lake Geneva on the border with Switzerland. At the age of 17, he began his training as a jeweler. Shortly after, he discovered the work of Hermann Jünger and that of some of his students from the Academy of Fine Arts in Munich. On seeing their work, he was convinced that he had to study there. Bürgel graduated in 1993 and now lives in Harlem, New York.

"I plan my drawings in a very open way, with enough space to react to any situation. They are opposing elements, different feelings, raw thoughts, and anonymous bodies together in the same place. I look for a dialogue – one with the space and with the material, and between process and outcome. For me, drawing is the most direct and the least refined way of finding this dialogue".

À 16 ans, Klaus Bürgel quitte Radolfzell avec ses parents et s'installe dans un village au bord du lac de Constance qui marque la frontière de l'Allemagne avec la Suisse. À 17 ans, il commence sa formation de bijoutier, peu après il rencontre Hermann Jünger et ses étudiants de l'académie des beaux-arts de Munich : au vu de leur travail, il est convaincu qu'il doit les rejoindre. Bürgel obtient son diplôme en 1993 et vit aujourd'hui à Harlem, New York.

« Je prévois mes dessins de manière très ouverte, avec suffisamment d'espace pour réagir à n'importe quelle situation. Ensemble et au même endroit, ce sont des opposés, des sentiments différents, des pensées brutes et des corps anonymes. Je recherche un dialogue : dialogue avec l'espace et avec le matériel, dialogue entre le processus et le résultat. Dessiner, pour moi, est le moyen le plus direct et le moins raffiné pour le trouver. »

Klaus Bürgel war 16 Jahre alt, als seine Eltern nach Radolfzell (Deutschland) zogen. Mit 17 Jahren begann er seine Ausbildung zum Goldschmied. Bald entdeckte er das Werk von Hermann Jünger und einiger seiner Studenten an der Akademie der Bildenden Künste in München. Von diesem Zeitpunkt an wollte er nur noch dort studieren. Bürgel machte 1993 sein Diplom und wohnt heute in Harlem, New York.

„Meine Zeichnungen sind offen, mit genug Platz drumherum, um auf alle Situationen reagieren zu können. Es sind gegensätzliche Elemente, die sich an einem Punkt, unterschiedliche Gefühle, die sich am gleichen Ort und unausgefeilte Ideen und unbekannte Körper, die sich am gleichen Platz treffen. Während des Prozesses und bis zum Endergebnis suche ich den Dialog mit dem Raum, dem Material. Für mich ist die Zeichnung dafür die direkteste und am wenigsten gefilterte Art."

Klaus Bürgel was 16 jaar toen zijn ouders uit Radolfzell (Duitsland) weggingen. Hij was 17 toen hij zijn opleiding als juwelier startte, en al gauw ontdekte hij in de Academie voor Schone Kunsten in München het werk van Hermann Jünger en van enkele van diens studenten. Vanaf dat ogenblik wou hij enkel nog daar gaan studeren. Bürgel studeerde af in 1993 en woont tegenwoordig in Harlem, New York.

«Mijn tekeningen zijn heel open, met voldoende ruimte eromheen om aan gelijk welke situatie tegemoet te komen. Het zijn tegengestelde elementen die zich op één punt bevinden, verschillende gevoelens op eenzelfde plaats, niet uitgevoerde ideeën en onbekende lichamen op dezelfde plaats. Ik ga op zoek naar dialoog: met de ruimte, met het materiaal, en tussen het proces en het resultaat. Voor mij is tekenen de meest directe vorm, de minst gefilterde, om dit te doen.»

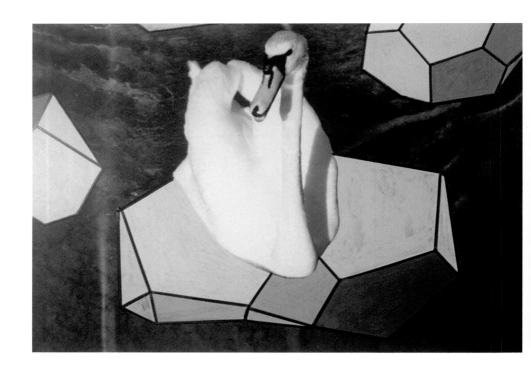

Leonor Hipólito

Leonor Hipólito was born in Lisbon, Portugal, in 1975. She left for Amsterdam to study jewelry at the Gerrit Rietveld Academie between 1995 and 1999. In 1998, she participated in an exchange program with the Parsons School of Design in New York. After graduating, she returned to Lisbon, where she settled as a freelance artist. In 2003, she took up a teaching position in the jewelry department of the Center for Art and Visual Communication in Lisbon.

"Drawing is an essential part of my job; it is complimentary to my research, but it is also, and especially, a first step towards clarifying my thoughts, and for confronting them when they become specific so that they can be studied and improved".

Née à Lisbonne en 1975, Leonor Hipólito part pour Amsterdam où elle étudie la bijouterie à l'académie Gerrit Rietveld entre 1995 et 1999. En 1998, elle participe à un programme d'échange avec l'école de design Parsons de New York. Après son diplôme, elle retourne à Lisbonne où elle s'installe comme artiste indépendante. En 2003, elle prend un poste d'enseignante au département de bijouterie du Centre d'art et de communication visuelle de Lisbonne.

« Dessiner est une part essentielle de mon travail, un complément à ma recherche mais aussi et surtout un premier pas pour clarifier mes pensées, les confronter lorsqu'elles deviennent concrètes pour les étudier et les améliorer. »

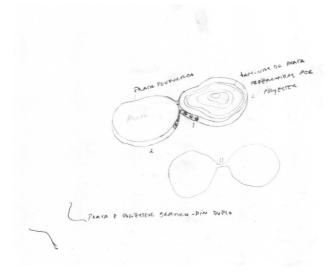

Leonor Hipólito wurde 1975 in Lissabon geboren. Sie ging nach Amsterdam, wo sie von 1995 bis 1999 Schmuckdesign an der Gerrit Rietveld Akademie studierte. 1998 nahm sie an einem Austauschprogramm mit der Parsons Designschule in New York teil. Nach ihrem Diplom kehrte sie nach Lissabon zurück, wo sie sich als selbstständige Künstlerin niederließ. 2003 begann sie als Dozentin in der Goldschmiedeabteilung der Stätte für Kunst und Visuelle Kommunikation in Lissabon zu arbeiten.

„Der Entwurf ist ein grundlegender Teil meiner Arbeit, eine Ergänzung meiner Suche. Es ist aber vor allem ein erster Schritt zur Klärung meiner Vorstellungen und mich damit zu konfrontieren, wenn sie zu etwas Konkretem werden, d. h., um sie zu untersuchen und zu verbessern."

Leonor Hipólito, werd in 1975 geboren in Lissabon; ze reisde naar Amsterdam waar ze van 1995 tot 1999 juweelsmeedkunst studeerde aan de Gerrit Rietveld Academie. In 1998 nam ze deel aan een uitwisselingsprogramma met de ontwerpschool Parsons in New York. Na haar studies keerde ze terug naar Lissabon waar ze zich vestigde als zelfstandig kunstenares. In 2003 begon ze te werken als docent in de afdeling juweelsmeedkunst van het Centrum voor Kunst en Visuele Communicatie in Lissabon.

«Ontwerpen is een essentieel deel van mijn werk, een complement voor mijn zoektocht maar, vooral, een eerste pas om mijn gedachten op te helderen, om ze het hoofd te bieden wanneer ze een concrete vorm aannemen, om ze te bestuderen en te verbeteren.»

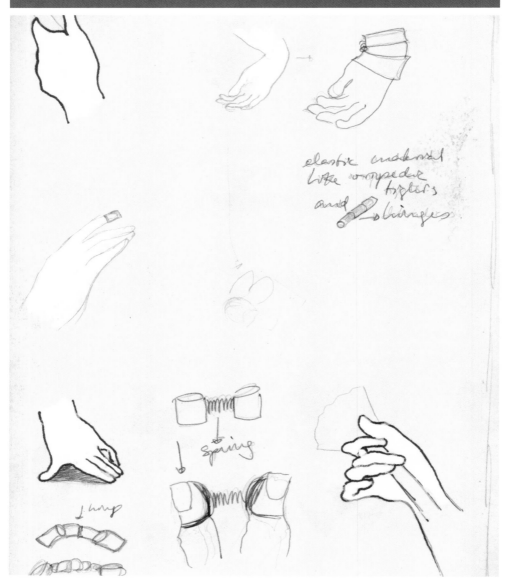

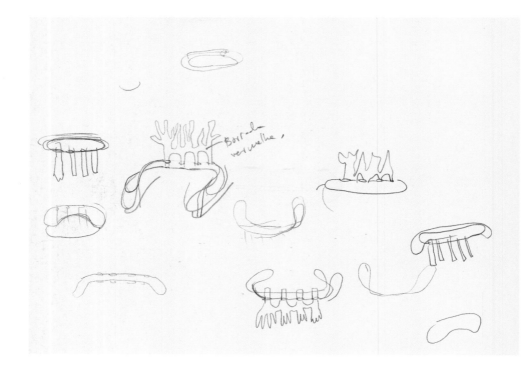

I -c/17

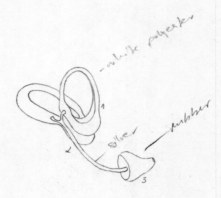

1- white polyester
2- metal
3- metal with red rubber layer

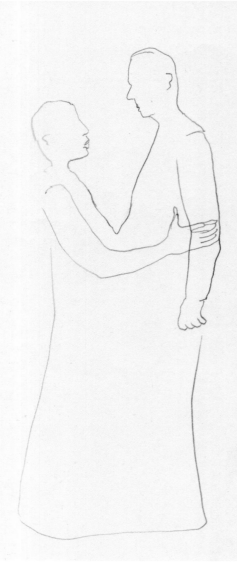

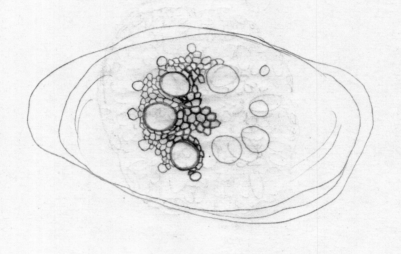

alpinne

Lin Cheung

Born in 1971 in Basingstoke, England, Lin Cheung obtained a Master's degree in metalsmithing and jewelry from the Royal College of Art in London in 1997. Since then she has exhibited her work worldwide, and has taught jewelry design as a visiting professor at Middlesex University. She has her own studio in central London.

"I don't do formal drawing any more, but I always carry a notebook where I record my ideas when they come to mind. I'm aware that this is more of a reassuring habit than a real aid. I often can't re-read my notes or my drawings, but making them represents a thought and is a step that takes me closer to reality".

Née en 1971 à Basingstoke, en Angleterre, Lin Cheung obtient en 1997 une maîtrise en orfèvrerie et en bijouterie au Royal College of Art de Londres. Depuis elle expose son travail dans le monde entier, et enseigne la bijouterie à l'université du Middlesex en tant que professeur invité. Elle a son propre studio dans le centre de Londres.

« Je ne dessine plus de manière formelle, mais j'ai toujours un carnet sur lequel je jette des idées lorsqu'elles me viennent à l'esprit. Je suis consciente que c'est plus une habitude qui me rassure qu'une aide réelle. Souvent je ne peux pas relire mes notes ou mes dessins, mais les faire représente une pensée et un pas qui me rapprochent de la réalité. »

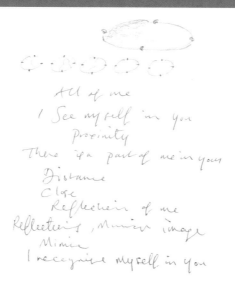

All of me
I See myself in you
Proximity
There is a part of me in you
Distance
Close
Reflection of me
Reflections, Mirror image
Mimic
I recognise myself in you

Lin Cheung wurde 1971 in Basingstoke (Großbritannien) geboren. Sie studierte am Royal College of Art in London und machte 1997 ihr Diplom in Gold- und Silberschmiedekunst, Metallbearbeitung und Schmuckwaren. Seitdem hat sie ihr Werk in der ganzen Welt ausgestellt und arbeitet als Gastprofessorin für Schmuckdesign an der Middlesex University in London. Cheung hat ihr Atelier und ihre Werkstatt in ihrem Haus im Zentrum der britischen Hauptstadt.

„Ich zeichne nicht mehr im eigentlichen Sinn, trage aber immer ein Heft und einen Bleistift bei mir, um die Ideen, die mir einfallen, zu notieren. Ich bin mir bewusst, dass es sich eher um eine Angewohnheit und um einen Sicherheitsfaktor als um eine wirkliche Hilfe handelt, denn wenn ich meine Notizen und Skizzen wieder betrachte, kann ich oft meine eigene Schrift nicht lesen, aber der Vorgang bringt eine Idee der Realität näher."

Lin Cheung werd in 1971 geboren in Basingstoke (Verenigd Koninkrijk); ze studeerde aan het Royal College of Art in Londen en behaalde in 1997 het diploma van master in de Edel-, Zilver-, Metaal- en Juweelsmeedkunst. Sindsdien heeft ze haar werk in heel de wereld tentoongesteld en werkt ze als gastdocente in Juweelontwerp aan de Middlesex University in Londen. Cheung heeft haar studio en atelier thuis, in het centrum van de Britse hoofdstad.

«Ik teken niet meer in de strikte zin van het woord maar neem altijd overal een blocnote en potlood mee om de ideeën te noteren die bij me opkomen. Ik ben me ervan bewust dat het meer een gewoonte en een veiligheidsfactor is dan een echte hulp, want vaak, wanneer ik op mijn notities en schetsen terugblik, kan ik mijn eigen geschrift niet meer lezen; desalniettemin zorgen ze ervoor een idee dichter bij de werkelijkheid te brengen.»

bottles -
- special
stopper

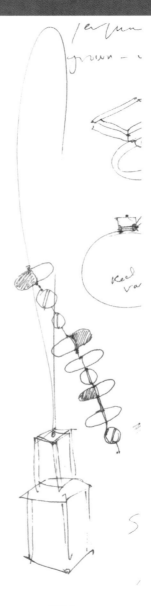

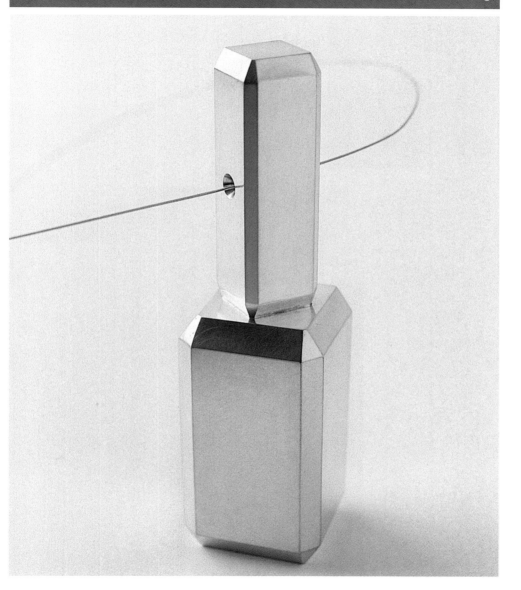

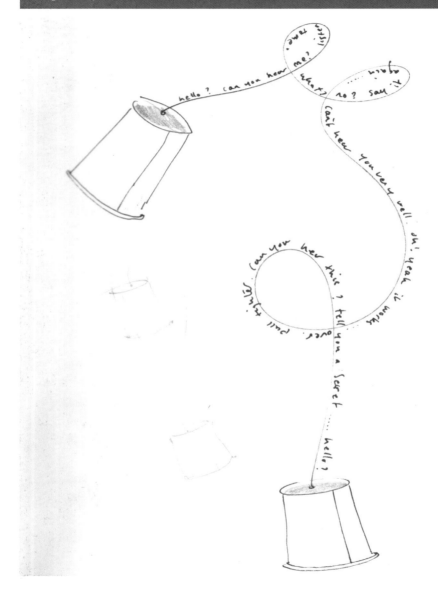

Lucy Folk

Born in Australia, Lucy Folk studied metalsmithing at the Royal Institute of Technology in Melbourne, graduating in 2003. She is a participant in Pieces of Eight, a space devoted to the sale of works by young Australian artists.

"Drawing helps me to record my ideas. It is also therapeutic. I had a creative education and I was greatly driven to drawing in my childhood".

Née en Australie, Lucy Folk étudie l'orfèvrerie à l'Institut royal de technologie de Melbourne. Diplômée en 2003, elle fait partie de Pieces of Eight, un espace consacré à la vente des œuvres de jeunes artistes australiens.

« Dessiner me sert à enregistrer des idées. C'est aussi thérapeutique. J'ai eu une éducation créative et on m'a beaucoup poussée à dessiner dans mon enfance. »

Lucy Folk wurde in ihrem geliebten Melbourne (Australien) geboren und aufgewachsen. Sie studierte Gold- und Silberschmiedekunst am Royal Melbourne Institute of Technology und machte dort 2003 ihr Diplom. Zurzeit gehört sie zum Atelier Pieces of Eight, wo Werke junger australischer Künstler gefördert und verkauft werden.

„Für mich ist Reisen eine Art, Ideen aufzunehmen. Außerdem ist es therapeutisch. Ich besitze eine kreative Vergangenheit: Als ich klein war, regte man mich zum Zeichnen an."

Lucy Folk werd geboren en studeerde in haar geliefde Melbourne (Australië). Ze studeerde Edel- en Zilversmeedkunst aan het Royal Melbourne Institute of Technology en behaalde haar diploma in 2003. Tegenwoordig maakt ze deel uit van het atelier Pieces of Eight, een ruimte die het werk van opkomende Australische kunstenaars promoot en verkoopt.

«Voor mij is reizen een manier om ideeën te registreren en tegelijkertijd werkt het therapeutisch. Ik heb een creatief verleden: als kind werd ik aangemoedigd om te tekenen.»

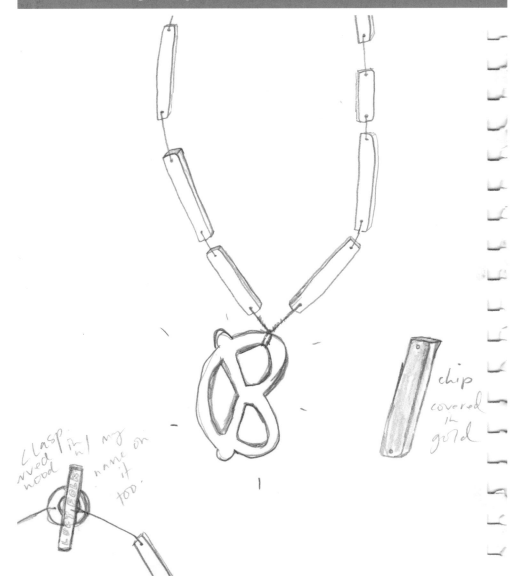

chip covered in gold

clasp need it w/ my wood name on it too.

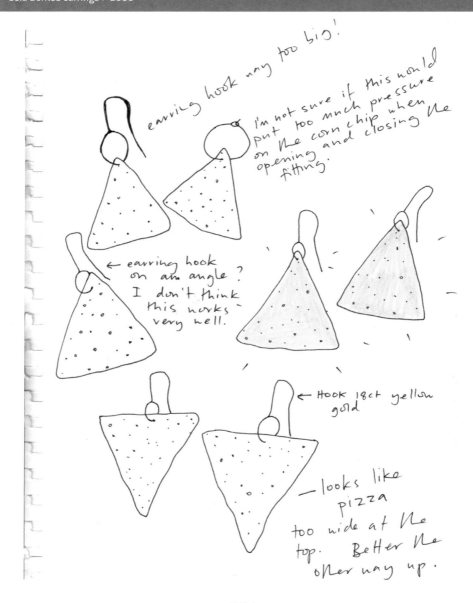

earring hook way too big!

I'm not sure if this would put too much pressure on the corn chip when opening and closing the fitting.

← earring hook on an angle? I don't think this works very well.

← Hook 18ct yellow gold

— looks like pizza too wide at the top. Better the other way up.

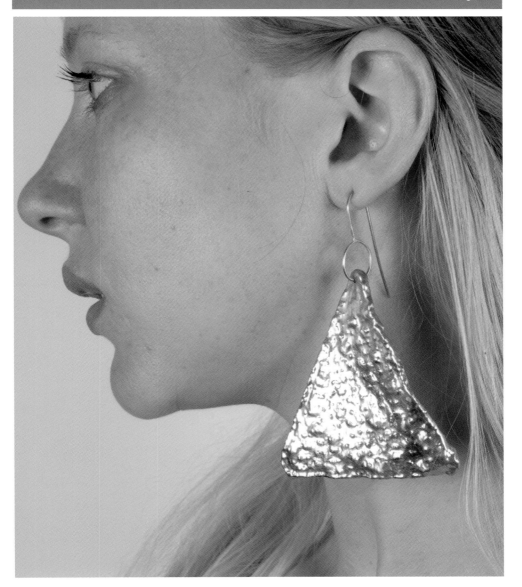

Lynne Kirstin Murray

The Scottish designer Lynne Kirstin Murray was born in Glasgow. She studied jewelry and silversmithing at the Edinburgh College of Art, graduating in 2003. She then went to London where she took classes in jewelry, silver and goldsmithing, and metal working at the Royal College of Art. When she finished her studies in 2006, she decided to stay in London, where she lives and works.

"I use the spontaneity of freehand drawing to contrast with the overriding quality of digital drawing".

La designer écossaise Lynne Kirstin Murray est née à Glasgow. Elle étudie la bijouterie et l'orfèvrerie au collège d'art d'Édimbourg et obtient son diplôme en 2003. Elle rejoint ensuite Londres et suit les cours du département de bijouterie, d'orfèvrerie et de travail des métaux au Royal College of Art. À la fin de ses études, en 2006, elle décide de rester à Londres où elle vit et travaille.

« J'utilise la spontanéité du dessin à la main confrontée à la qualité dominante du dessin numérique. »

Lynne Kirstin Murray wurde in Glasgow geboren. Sie studierte Gold- und Silberschmiedekunst am Edinburgh College of Art, wo sie 2003 ihr Diplom machte, sowie in London, in der Abteilung für Gold- und Silberschmiedekunst, Metallbearbeitung und Schmuckwaren des Royal College of Art. Nach Abschluss ihre Studiums im Jahre 2006 beschloss sie, in der britischen Hauptstadt zu bleiben, wo sie heute lebt und arbeitet.

„Ich nutze die Direktheit der handgezeichneten Skizzen, um sie der vorherrschenden Eigenschaft des Computerdesigns gegenüberzustellen."

Lynne Kirstin Murray werd geboren in Glasgow. Ze studeerde Juweel- en Zilversmeedkunst aan het Edinburgh College of Art, waar ze in 2003 afstudeerde, evenals in Londen, in de Afdeling Edel-, Zilver-, Metaal- en Juweelsmeedkunst van het Royal College of Art. Na haar studies in 2006 te hebben voltooid, besloot ze in de Britse hoofdstad te blijven, waar ze momenteel woont en werkt.

«Ik gebruik de eerlijkheid van de handgemaakte tekeningen om het tegenover de overheersende kwaliteit van het computerontwerp te plaatsen.»

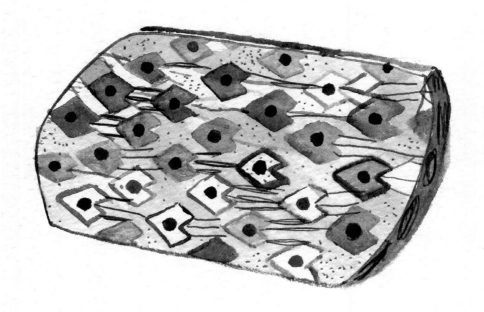

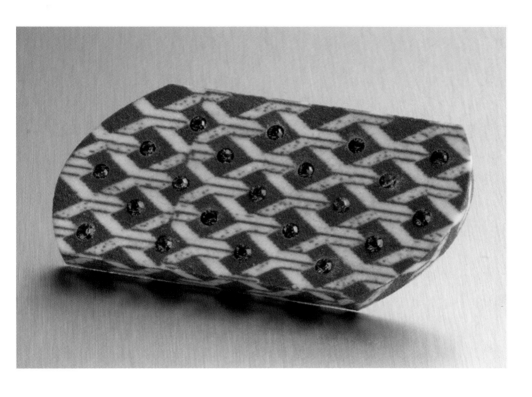

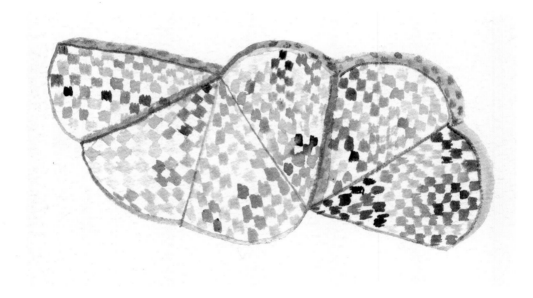

Machteld van Joolingen

Born in 1962, Machteld van Joolingen took a course in technical jewelry at the Schoonhoven Vocational School in the Netherlands until 1986. However, he believes that the Gerrit Rietveld Academie in Amsterdam, where he graduated in 1996, has had the greatest influence on him owing to its focus on personal creative development. He lives and works in Amsterdam.

"For me, drawing is one of the purest forms of art. I like the vulnerability of lines and the direct reproduction of gestures".

Né en 1962, Machteld van Joolingen suit des cours de bijouterie technique à l'école de Schoonhoven jusqu'en 1986. Il estime cependant que l'académie Gerrit Rietveld d'Amsterdam, dont il sort diplômé en 1996, l'a influencé plus que tout autre grâce à l'importance qu'elle donne au développement créatif personnel. Il vit et travaille à Amsterdam.

« Pour moi, le dessin est une des formes les plus pures de l'art. J'aime la vulnérabilité des lignes et la reproduction immédiate du geste. »

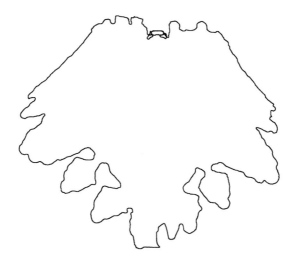

Machteld van Joolingen (1962) schloss 1986
ihre technische Ausbildung in Schmuckdesign
an der Schule in Schoonhoven (Niederlande)
ab. Sie ist jedoch der Ansicht, dass sie den
ausbildungstechnisch stärksten Einfluss an der
Gerrit Rietveld Academie in Amsterdam aufgrund
der dortigen Betonung kreativer persönlicher
Entwicklung erfahren hat. 1996 machte sie dort ihr
Diplom. Zurzeit lebt und arbeitet sie in Rotterdam.

*„Für mich ist Zeichnen eine der reinsten Kunstformen.
Ich mag die Verwundbarkeit der Linien und die
unmittelbare Wiedergabe der Gesten."*

Machteld van Joolingen (1962) voltooide in 1986
haar technische studies in Juweelsmeedkunst
aan de School van Schoonhoven (Nederland).
Toch denkt ze dat ze op het gebied van educatieve
materia de meeste invloed ondervond in de Gerrit
Rietveld Academie in Amsterdam, vanwege de nadruk
dat dit centrum legt op de persoonlijke creatieve
ontwikkeling. Ze behaalde haar diploma in 1996 en
woont en werkt tegenwoordig in Rotterdam.

*«Voor mij is tekenen één van de zuiverste
kunstvormen. Ik houd van de kwetsbaarheid van de
lijnen, en van de directe weergave van de gebaren.»*

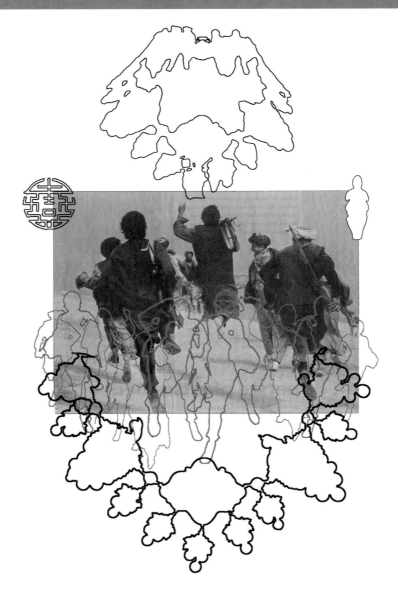

Makri

Ileana Makri was born in Thessaloniki, Greece. After high school, she studied for a degree in business administration, followed by a degree in jewelry from the GIA, graduating in 1996. Between 1977 and 1985 she lived in New York, where her two daughters were born. In 1996 she presented her first jewelry line in Athens, where she now lives and works. She is a member of the Board of ActionAid Greece and actively supports Médecins Sans Frontières and other national and international organizations.

"As a little girl, my notebooks were filled with drawings of jewels awaiting the breath of life. I continue to draw simple, almost childlike sketches just to remember the ideas that cross my mind".

Ileana Makri est née à Thessalonique, en Grèce. Après ses études secondaires, elle obtient une licence en administration des affaires et en 1996 un diplôme de bijouterie du GIA. Entre 1977 et 1985, elle vit à New York, où naissent ses deux filles. En 1996, elle présente sa première ligne de bijoux à Athènes, où elle vit et travaille. Elle est membre du conseil d'administration d'ActionAid Grèce et soutient activement Médecins sans frontières et d'autres organisations nationales et internationales.

«Petite fille, mes cahiers étaient remplis de dessins de bijoux qui attendaient le souffle de la vie. Je continue à dessiner des croquis très simples, presque enfantins, juste pour ne pas oublier les idées qui me traversent l'esprit.»

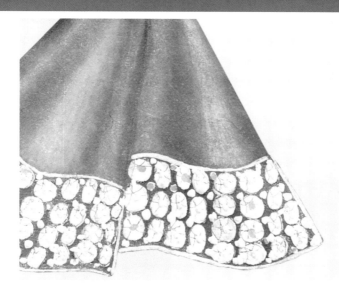

Ileana Makri wurde in Saloniki in Nordgriechenland geboren. Nach dem Abitur absolvierte sie ein Betriebswirtschaftsstudium und erhielt 1996 das Diplom in Schmuckdesign am G.I.A. Institut. Von 1977 bis 1985 lebte sie in New York, wo ihre beiden Töchter zur Welt kamen. 1996 stellte sie in Athen ihre erste Schmucklinie mit der Firma vor, die ihren Namen trägt. Seitdem lebt und arbeitet sie in der griechischen Hauptstadt. Sie ist Vorstandsmitglied von Ayuda en Acción in Griechenland und unterstützt aktiv Ärzte ohne Grenzen und andere nationale und internationale Organisationen.

„Als ich klein war, waren alle meine Hefte voll mit Schmuckzeichnungen, die umgesetzt werden wollten. Ich mache immer noch sehr einfache, fast kindliche Skizzen, und zwar nur, um die Idee, die mir einfällt, festzuhalten."

Ileana Makri werd geboren in Salonica, in het noorden van Griekenland. Nadat ze haar einddiploma behaalde, studeerde ze in 1996 af in Bedrijfsbeheer en -bestuur en behaalde ze het diploma Juweelontwerp aan het G.I.A.-instituut. Ze woonde van 1977 tot 1985 in New York, waar ze twee dochters kreeg. In 1996 stelde ze in Athene haar eerste juwelencollectie voor onder het merk dat haar naam draagt. Sindsdien leeft en werkt ze in de Griekse hoofdstad. Ze is lid van de raad van bestuur van ActionAid in Griekenland en steunt actief Artsen Zonder Grenzen en andere nationale en internationale organisaties.

«Van kleins af aan stonden mijn boekjes vol met tekeningen van juwelen die tot leven wilden komen. Ik maak nog steeds zeer eenvoudige schetsen, bijna kinderlijk, alleen om een idee dat bij me opkomt te vatten.»

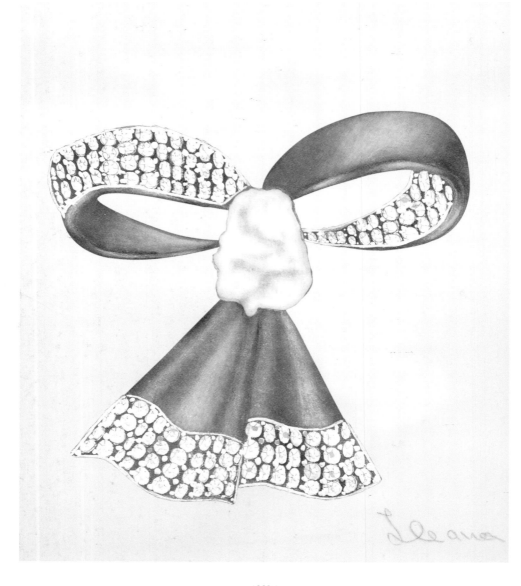

Manon van Kouswijk

Country girl Manon van Kouswijk was born in a small town in the eastern Netherlands. She studied jewelry at the Schoonhoven Vocational School before entering the Gerrit Rietveld Academie in Amsterdam. After graduating in 1995, she opened her own studio. Today she also teaches at the Gerrit Rietveld Academie.

"I rarely draw. When it happens, it's because I want to visualise an idea so as to remember it".

Issue de la campagne, Manon van Kouswijk est née dans une petite ville de l'est des Pays-Bas. Elle étudie la bijouterie à l'école technique de Schoonhoven puis entre à l'académie Gerrit Rietveld à Amsterdam. Diplômée en 1995, elle monte son propre studio. Aujourd'hui, elle enseigne aussi à Gerrit Rietveld.

« Je fais rarement des dessins. Quand cela m'arrive, c'est dans le but de visualiser une idée pour m'en souvenir. »

Manon van Kouswijk, eine Künstlerin mit Vorliebe für das Ländliche, kam in einer Kleinstadt im Osten der Niederlande zu Welt. Sie lernte Schmuckdesign an einer Fachschule in Schoonhoven. 1995, nach ihrem Diplom an der Gerrit Rietveld Academie, wo sie heute Unterricht erteilt, beschloss sie, sich in Amsterdam niederzulassen und ihr eigenes Atelier zu eröffnen.

„Ich zeichne kaum, und wenn ich zeichne, dann tue ich das normalerweise, um eine Idee zu visualisieren und mich an sie erinnern zu können."

Manon van Kouswijk, een kunstenares met een voorkeur voor het buitenleven, werd geboren in een kleine stad in het oostelijke deel van Nederland. Ze studeerde Juweelsmeedkunst aan de technische school van Schoonhoven en besloot, in 1995, nadat ze afstudeerde aan de Gerrit Rietveld Academie, waar ze tegenwoordig lesgeeft, dat ze zich in Amsterdam zou vestigen en er haar eigen studio zou openen.

«Ik teken amper en wanneer ik het doe, is het meestal gewoon om een idee te visualiseren en het later terug op te diepen.»

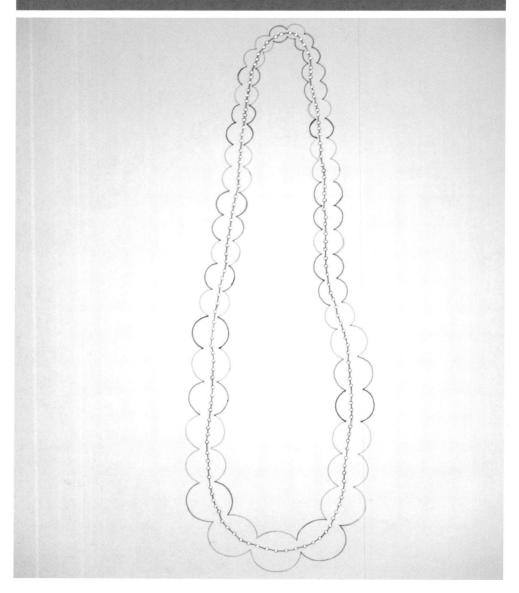

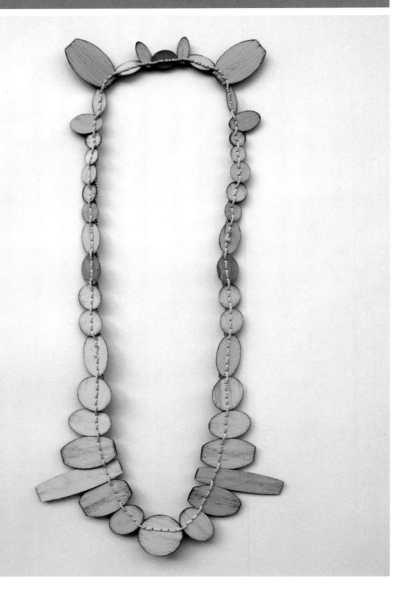

Marc Monzó

Marc Monzó was born in Barcelona, Spain, in 1973. He studied jewelry and carving at the Massana School from 1993 to 1996, followed by a course in gem-setting given by the Catalan Jewelers' Association. He lives and works in Barcelona.

"I don't usually draw much. Drawing allows me to develop an image, but this work can also be done directly on the material. Drawing is a stage".

Marc Monzó est né à Barcelone en 1973. Il étudie la bijouterie et la ciselure à l'école Massana de 1993 à 1996 et suit un cours de sertissage à l'école de l'Union des bijoutiers. Il vit et travaille à Barcelone.

« D'habitude, je ne dessine pas beaucoup. Pour moi, le dessin permet de développer une image, mais ce travail peut être aussi fait en jouant directement sur le matériau. Dessiner est une étape. »

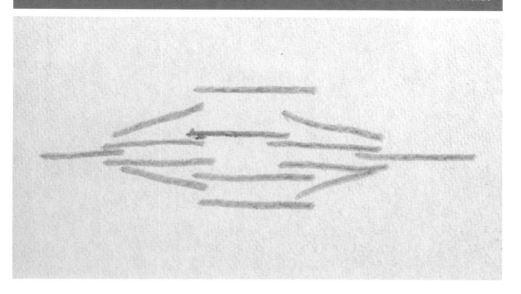

Marc Monzó wurde 1973 in Barcelona geboren. Er studierte von 1992 bis 1997 Schmuckdesign und Gravierkunst in der Escuela Massana und machte anschließend einen Edelsteineinfassungskurs an der Escola del Gremi de Joiers de Catalunya. Er lebt und arbeitet in Barcelona, wo er das Atelier mit einem Maler teilt.

„Normalerweise zeichne ich nicht viel. Für mich ist Zeichnen eine Entwicklungsübung des Bilds, wobei diese Übung auch direkt auf dem Material erfolgen kann. Die Zeichnung ist ein Schritt."

Marc Monzó werd in 1973 geboren in Barcelona. Hij studeerde van 1992 tot 1997 Juweelsmeedkunst en Gravure aan de Massana School en vervolgens volgde hij een cursus in Het zetten van Edelstenen aan de School van de Juweliersgilde van Catalonië. Hij leeft en werkt in Barcelona waar hij een studio deelt met een schilder.

«Ik teken niet vaak. Ik beschouw tekenen als een oefening om het beeld te ontwikkelen, hoewel die oefening ook kan gedaan worden door rechtstreeks met het materiaal te spelen. De tekening is een tussenstap.»

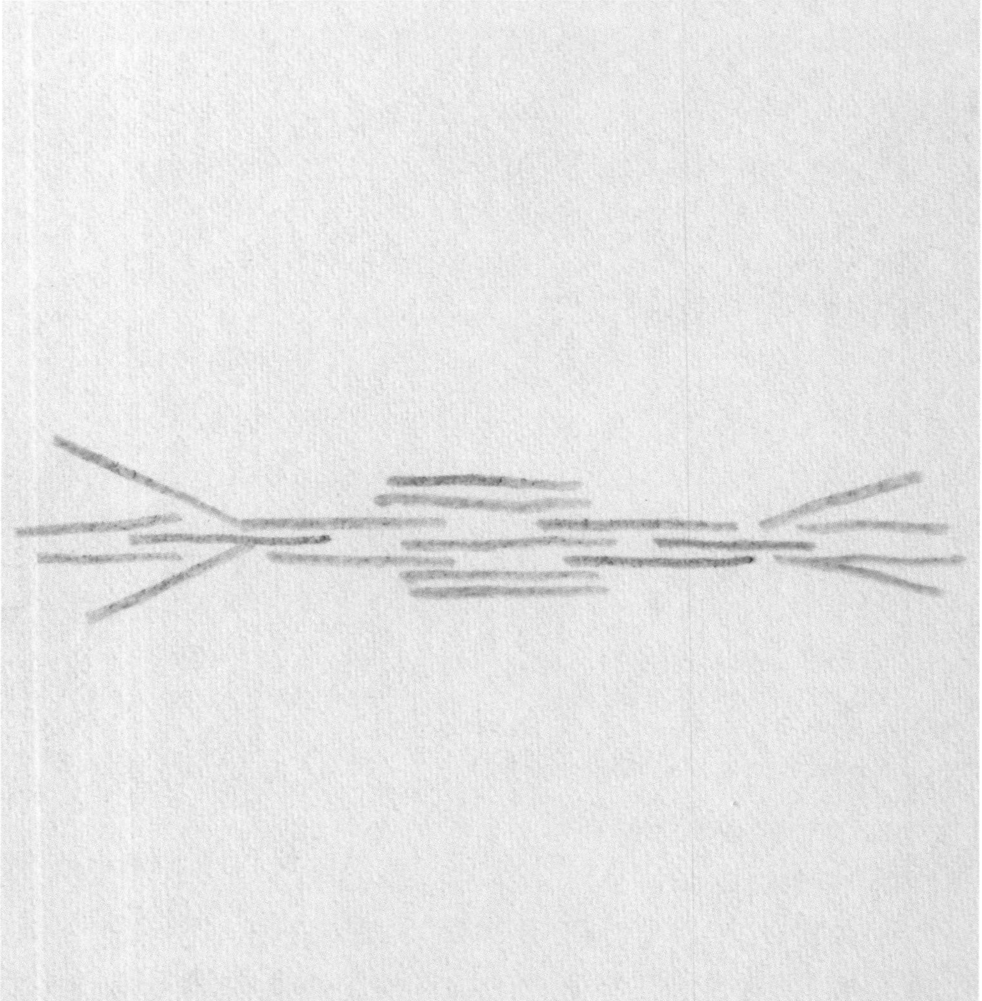

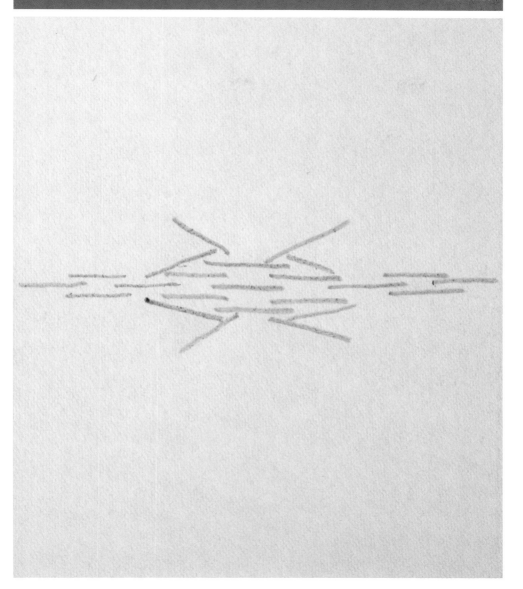

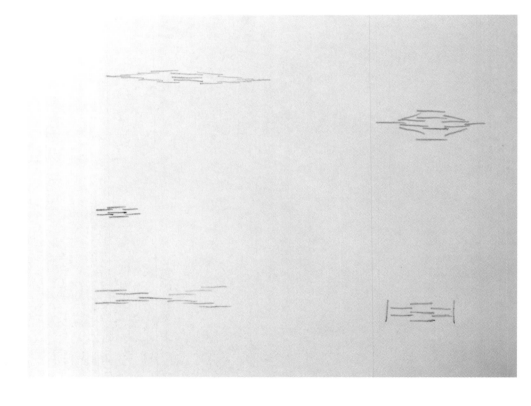

Mari Ishikawa

Born in 1964 in Kyoto, Japan, Mari Ishikawa received her Master's degree in Fine Arts at the University of Nara and worked as an art teacher and designer before turning to jewelry at the Hiko Mizuno College of Jewelry. In 1994, she moved to Munich and studied at the Academy of Fine Arts, obtaining her Master's degree in jewelry in 2001. Ishikawa's main inspiration comes from her native culture.

"I hardly ever draw when I design jewelry. Sometimes I make paper models, but not very often. Because it's important for me to feel the material, I try to work without a finished drawing. But I make a lot of drawings to stimulate my neurones. I also take lots of pictures in black and white. Almost all of my motifs come from nature".

Née en 1964 à Kyoto, Mari Ishikawa obtient sa maîtrise en beaux-arts à l'université de Nara et travaille comme professeur d'art et designer avant de se tourner vers la bijouterie au collège de bijouterie Hiko Mizuno. En 1994, elle s'installe à Munich et étudie à l'académie des beaux-arts. Elle obtient une maîtrise en bijouterie en 2001. L'inspiration première d'Ishikawa vient de sa culture natale.

« Je ne dessine pratiquement pas pour ma bijouterie. Parfois je fais des modèles en papier, mais pas si souvent. Parce qu'il est important pour moi de sentir le matériau, j'essaie de travailler sans dessin fini. Mais je fais beaucoup de dessins pour m'agiter les neurones. Je prends aussi beaucoup de photos en noir et blanc. Presque tous mes motifs viennent de la nature. »

Mari Ishikawa wurde in Kyoto (Japan) geboren und absolvierte einen Masterstudiengang in Bildender Kunst an der Universität Nara. Sie arbeitete als Kunstlehrerin und Designerin an der Hiko Mizuno Goldschmiedeschule in Japan, bevor sie ihre Tätigkeit als Goldschmiedin aufnahm. 1994 zog sie nach München, um ihr Studium an der Akademie für Bildende Künste zu absolvieren. Darauf folgte 2001 ein Masterstudiengang. Ihre Hauptinspiration kommt aus der Kultur ihres Herkunftslands.

„Ich mache praktisch keine Zeichnungen für meine Schmuckwaren. Manchmal, eigentlich nur ganz selten, erstelle ich Papiermodelle, bevor ich die Werke ausführe. Ich versuche, meine Schmuckwaren ohne fertige Zeichnungen zu entwerfen, da es für mich wichtig ist, das Material zu fühlen. Trotzdem mache ich Skizzen als eine Art Ideenregen. Ich mache auch viele einfarbige Fotos. Die meisten meiner Themen kommen aus der Natur."

Mari Ishikawa, afkomstig uit Kioto (Japan), voltooide een master in Schone Kunsten aan de Universiteit van Nara en werkte als kunstlerares en ontwerpster in de School voor Juweelsmeedkunst Hiko Mizuno, in Japan, alvorens te starten met haar werk als juwelierster. In 1994 vertrok ze naar München voor haar studies in Juweelsmeedkunst aan de Academie voor Schone Kunsten, waarna in 2001 een master volgde. Haar oorspronkelijke cultuur is haar voornaamste inspiratiebron.

«Ik maak praktisch geen tekeningen voor mijn juwelen. Soms bouw ik papieren modellen alvorens de werken uit te voeren, maar zeer zelden. Ik probeer mijn juwelen te creëren zonder afgewerkte tekeningen omdat het voor mij belangrijk is het materiaal te voelen, hoewel ik bij wijze van ideeënregen wel schetsen maak. Ik maak ook veel monochromatische foto's. De meeste van mijn thema's komen voort uit de natuur.»

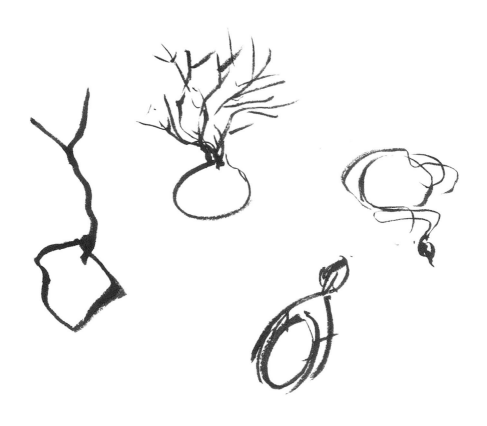

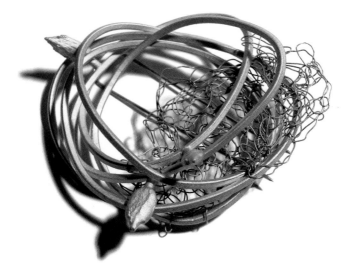

Nelli Tanner

Nelli Tanner was born in 1976 in Helsinki, Finland. She studied stone setting and jewelry at the South Carelia Polytechnic in Lappeenranta between 1996 and 2000. She moved to Amsterdam in 2001 and graduated from the Gerrit Rietveld Academie in 2003. She traveled widely before finally settling in Helsinki where she shares a studio with other artists.

"I draw when I talk on the phone, when I'm drinking an espresso, and on trains. Drawing is like thinking, it takes you from one idea to another. An idea can gain strength from just a few black strokes, and become fragile with a line that fades away".

Nelli Tanner est née en 1976 à Helsinki. Elle étudie le travail des pierres et la bijouterie à l'École polytechnique de Carélie du Sud de 1996 à 2000. En 2001 elle part pour Amsterdam et obtient en 2003 son diplôme de l'académie Gerrit Rietveld. Elle voyage et finit par s'installer à Helsinki où elle partage un studio avec d'autres plasticiens.

« Je dessine quand je parle au téléphone, quand je bois un expresso, dans les trains. Dessiner, c'est comme penser, ça ondule d'un coin à un autre. Ça peut être très fort avec quelques traits noirs et finir dans la fragilité avec une ligne qui s'estompe. »

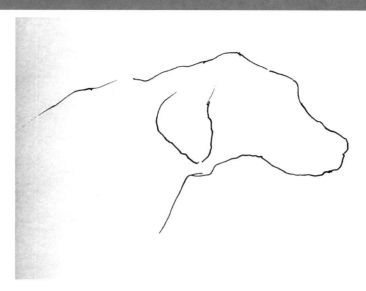

Nelli Tanner wurde 1976 in Helsinki (Finnland) geboren. 1996 zog sie nach Lappeenranta, um vier Jahre Steinschleifen und Schmuckdesign an der Fachhochschule Süd-Karelien zu studieren. 2001 zog sie nach Amsterdam und besuchte die Gerrit Rietveld Academie, wo sie ihr Studium 2003 abschloss. Ihre Reisen haben sie immer wieder zurück nach Helsinki geführt, wo sie heute wohnt und sich ein Atelier mit anderen visuellen Künstlern teilt.

„Ich zeichne beim Telefonieren, wenn ich einen Espresso trinke oder im Zug reise. Zeichnen ist wie denken: Man kommt von einer Idee auf die andere. Eine Idee kann bereits mit einigen schwarzen Konturen Kraft gewinnen und sich in eine dünne Linie mit einem verschwommenen Ende verwandeln.“

Nelli Tanner werd in 1976 geboren in Helsinki (Finland). In 1996 vertrok ze naar Lappeenranta om gedurende vier jaar Edelstenen en Juweelontwerp te gaan studeren aan de South Carelian Polytechnic School. In 2001 verhuisde ze naar Amsterdam om aan de Gerrit Rietveld Academie te gaan studeren waar ze in 2003 afstudeerde. Haar reizen brachten haar steeds terug naar Helsinki, waar ze tegenwoordig woont en een studio deelt met andere visuele kunstenaars.

«Ik teken wanneer ik telefoneer, wanneer ik een espresso drink of wanneer ik met de trein reis. Tekenen is net als denken: het brengt je van het ene idee naar het andere. Het kan met slechts enkele zwarte omlijningen aan kracht winnen of een tere lijn worden waarvan het einde in lucht opgaat.»

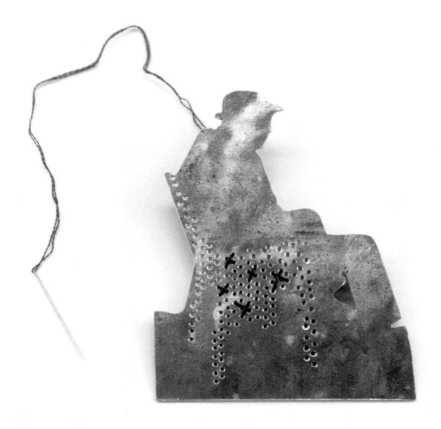

Nina Ellis

Nina Ellis has lived mostly in Melbourne, Australia. She studied fine art and metalsmithing at the Royal Melbourne Institute of Technology, graduating in 2003. She lives and works as a jeweler and designer in her adopted city.

"Drawing for me is often a functional activity - a need to plan and refine my work technically ... At other times, when I really appreciate it, it inspires and amuses me. It is a paradise of ideas in 2D where I let myself go happily when I leave the stress and the heat of my workbench".

Nina Ellis a principalement vécu à Melbourne en Australie. Elle étudie les beaux-arts et l'orfèvrerie à l'Institut royal de technologie de Melbourne. Elle obtient son diplôme en 2003. Elle vit et travaille comme bijoutière et designer dans sa ville d'adoption.

« Dessiner est souvent pour moi une activité fonctionnelle – une nécessité pour planifier et affiner techniquement mon travail... À d'autres moments, quand j'apprécie vraiment ça, cela m'inspire et m'amuse, c'est un pays de cocagne d'idées en 2D dans lequel je me fonds joyeusement lorsque je quitte la tension et le feu de mon établi. »

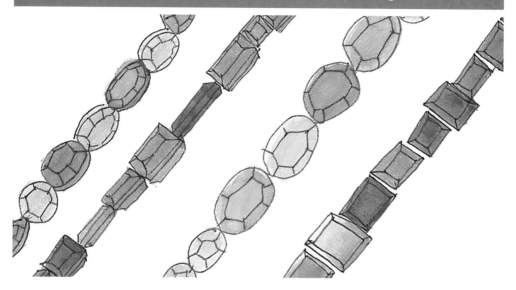

Der größte Teil im Leben von Nina Ellis hat sich in Melbourne (Australien) abspielt. Sie hat Bildende Kunst, Gold- uns Silberschmiedekunst am Royal Melbourne Institute of Technology studiert und 2003 ihr Diplom gemacht. Sie lebt in ihrer Adoptivstadt, wo sie als Goldschmiedin und Produktdesignerin arbeitet.

„Für mich ist Zeichnen eine funktionelle Tätigkeit, eine Notwendigkeit, meine Arbeit technisch zu planen und zu verfeinern. In anderen Fällen, wenn ich es wirklich genieße, ist es inspirierend und beunruhigend, ein Ideenparadies in zwei Dimensionen, mit dem ich mich vergnüge, wenn ich unterwegs bin, fern vom Polieren und Gravieren an der Werkbank.“

Het grootste deel van het leven van Nina Ellis verliep in Melbourne (Australië). Ze studeerde Schone Kunsten, Edel- en Zilversmeedkunst aan het Royal Melbourne Institute of Technology, waar ze in 2003 afstudeerde. Ze woont in haar adoptiestad waar ze werkt als juwelierster en productontwerpster.

«Voor mij is tekenen een functionele activiteit, een noodzaak om mijn werk te plannen en technisch bij te werken. Op andere ogenblikken, wanneer ik er echt van geniet, is het inspirerend en verontrustend, een tweedimensionaal ideeënparadijs waar ik mezelf plezier mee doe wanneer ik me ver van het "polijsten, graveren en bakken" van de werkbank bevind.»

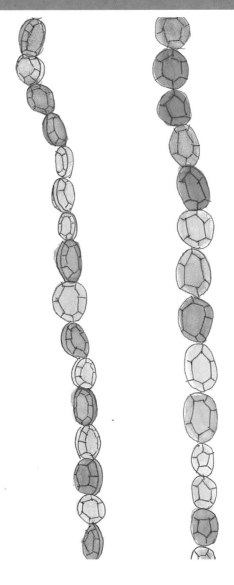

Nina Oikawa

Nina Oikawa moved to Melbourne, Australia, from Tokyo in 1997. She began her jewelry studies in 2000 and obtained a degree in applied arts in metals and jewelry. She then enrolled for a Master's degree in metalsmithing, and is now working towards her doctorate.

"I draw when I lose the thread of what I'm doing or when I'm bored. Working with metal and plastic sometimes creates confusion; that's when drawing serves to guide me and clear my mind. I often draw in the middle of a job. Drawing lets me explore combinations of colors and shapes, and shapes with other shapes. It's definitely an important tool for me."

Nina Oikawa s'installe à Melbourne en 1997. Elle commence ses études de bijouterie en 2000 et obtient une licence d'arts appliqués en métaux et bijouterie. Elle s'inscrit ensuite pour une maîtrise en orfèvrerie, et suit aujourd'hui un programme de doctorat.

« Je dessine quand je perds le fil de ce que je fais ou quand je m'ennuie. Travailler le métal et le plastique crée parfois une confusion, le dessin me sert alors de guide et m'éclaircit les idées. Je dessine souvent au milieu d'un travail. Avec le dessin, j'explore des combinaisons de couleurs et de formes, et de formes avec d'autres formes. C'est définitivement un outil important pour moi. »

Bevor Nina Oikawa 1997 nach Melbourne (Australien) zog, hatte sie in Tokio gelebt. Sie begann im Jahr 2000 Schmuckdesign zu erlernen, machte ihr Diplom in Angewandter Metallkunst und setzte ihre Ausbildung mit einem Masterstudiengang in Gold- und Silberschmiedekunst fort. Zurzeit arbeitet sie an ihrer Doktorarbeit.

„Ich zeichne, wenn ich bei meinen Kreationen den Faden verliere (oder wenn ich mich langweile). Beim Arbeiten mit Metall und Kunststoffen verliere ich manchmal den Faden. Die Zeichnung ist wie eine Landkarte, die mir beim Klären meiner Ideen hilft. Häufig mache ich mitten in der Arbeit an einem Werkstück Zeichnungen. Ich verwende sie, um Farben und Formen sowie die einzelnen Formen untereinander zu kombinieren. Für mich ist die Zeichnung zweifellos ein wichtiges Werkzeug."

Alvorens in 1997 naar Melbourne (Australië) te verhuizen, woonde Nina Oikawa in Tokio. Ze startte haar studies in Juweelsmeedkunst in het jaar 2000, ze behaalde het diploma in Toegepaste Kunsten met Metaal en volgde daarna een master in Edel- en Zilversmeedkunst. Tegenwoordig bereidt ze haar doctoraat voor.

«Ik teken wanneer ik de draad van mijn creaties kwijtraak (of wanneer ik me verveel). Door met metaal en plastic te werken, raak ik soms in de war en dan is de tekening zoals een plan dat me helpt mijn ideeën op te helderen. Vaak maak ik tekeningen in het midden van een werk. Ik gebruik ze om de kleur en de vormen evenals de verschillende vormen onderling te combineren. Ik beschouw de tekening zonder twijfel als een belangrijk werktuig.»

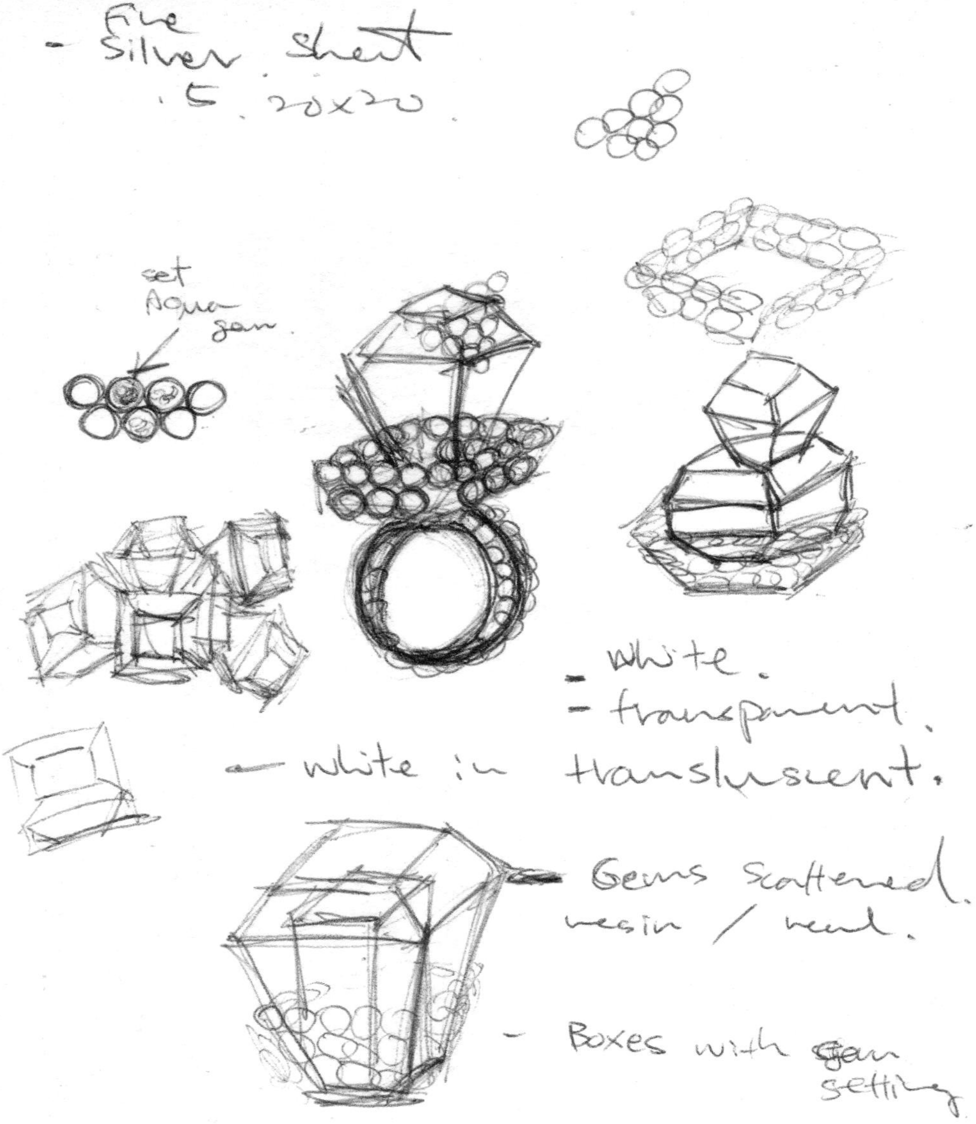

- Fire
Silver Sheet
.5 . 20×20 .

set
Aqua
gem

= white .
= transparent .
— white in translucent .

Gems scattered .
resin / real .

— Boxes with gem
setting

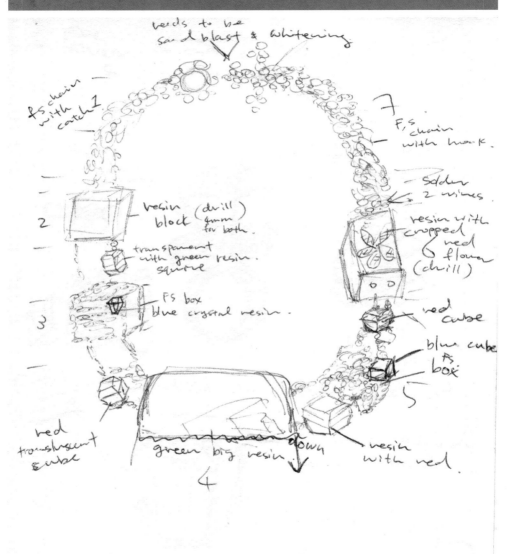

needs to be sandblast & whitening

F.S chain with catch 1

2

resin (drill) block (4mm for both.)

transparent with green resin. square

3

FS box blue crystal resin.

red transluscent cube

green big resin.

down

4

7

F.S. chain with hook.

Solder 2 wires.

resin with cropped red flower (drill)

red cube

blue cube FS box

5

resin with red.

Bangle

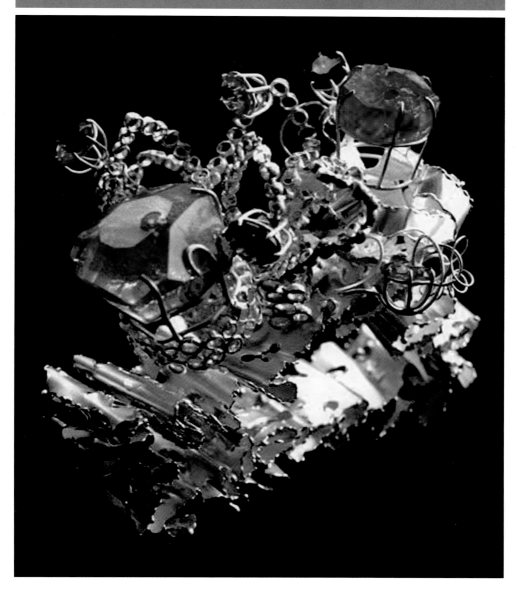

PE/AH

Created in 2001, PE/AH, the French acronym for "Spring/Summer, Fall/Winter" is the result of collaboration between Samantha Font-Sala, a French photographer, and Felix Lindner, a German jewelry designer. PE/AH clearly refers to the world of fashion and marks the original direction taken by these two artists when they created this commercial line that displays a sense of freedom, innovation, and visual integrity.

"Drawing... is about beginning to design".

Créé en 2001, PE/AH, acronyme de « printemps/été, automne/hiver », est le résultat de la collaboration entre Samantha Font-Sala, une photographe française, et Felix Lindner, un créateur de bijoux allemand. PE/AH fait clairement référence au monde de la mode et indique la direction originale prise par ces deux artistes lorsqu'ils ont créé cette ligne commerciale qui affiche un sens de la liberté et de l'innovation affirmé, ainsi qu'une intégrité visuelle.

« Au sujet des dessins... Dessiner, c'est commencer à créer. »

PE/AH entstand 2001 aus der Zusammenarbeit zwischen der französischen Fotografin Samantha Font-Sala und dem deutschen Schmuckdesigner Felix Lindner. Die Bezeichnung, d. h. die Abkürzung für printemps/été, automne/hiver («Frühling/Sommer, Herbst/Winter»), ist ein klarer Bezug zum Modegeschäft und ein Zeichen des neuen Wegs, den diese beiden bedeutenden Künstler einschlugen, um eine Vertriebslinie zu schaffen, die ein solides Image von Freiheit, Innovation und visueller Vollständigkeit bietet.

„Was die Zeichnungen angeht – Zeichnen ist der Beginn der Schöpfung."

PE/AH ontstond in 2001 uit de samenwerking tussen de Franse fotografe Samantha Font-Sala en de Duitse juweelontwerper Felix Lindner. De naam, afkortingen van printemps/été, automne/hiver («lente/zomer, herfst/winter»), is een duidelijke verwijzing naar de modewereld en een bewijs van de nieuwe weg die deze twee grote kunstenaars insloegen om een commerciële collectie te creëren die een sterk beeld van vrijheid, innovatie en visuele integriteit projecteert.

«Wat de tekeningen betreft... Tekenen is het begin van de creatie.»

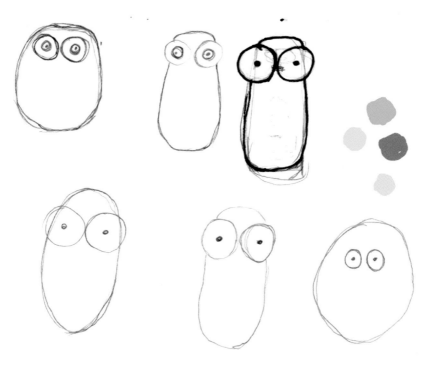

Rostbinde
Satyrus semele (155)

Damenbrett
Melanargia galathea (154)

Kuhauge
Erebia medusa (154)

Waldportier
Satyrus circe (154)

Dukatenfalter
Chrysophanus virgaureae (157)

Onix

Hosenketten

Perles....
+ 2 Onix

bonhomme

bonbon

schar

Knur zu

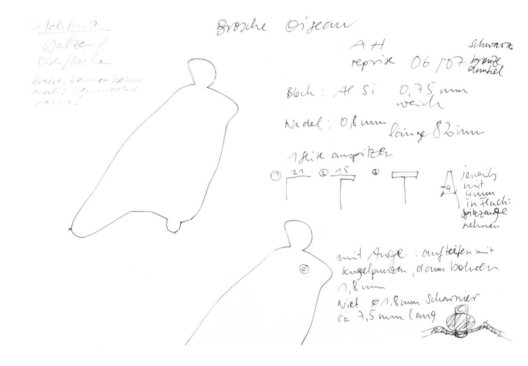

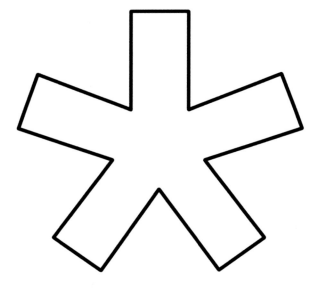

Philip Sajet

Philip Sajet was born in 1953 in Amsterdam, the Netherlands. He studied jewelry at the Gerrit Rietveld Academie between 1977 and 1981. He then finished his training with Francesco Pavan in Padua, Italy. He began to exhibit in 1986. he currently lives and works in Amsterdam, and produces some thirty pieces each year. To date, he estimates that he has created about 1,500 pieces. In his own words, his dream is "to see them all together (impossible, of course)".

"The caves of Lascaux".

Philip Sajet est né en 1953 à Amsterdam. Il étudie l'orfèvrerie à l'académie Gerritt Rietveld de 1977 à 1981. Il finit alors son apprentissage auprès de Francesco Pavan à Padoue, en Italie. En 1986, il commence à exposer. Aujourd'hui, il vit et travaille Amsterdam, et produit une trentaine de pièces par an. À ce jour, selon son estimation, il a créé environ 1 500 pièces. Son rêve serait, selon ses propres mots, de « les voir toutes réunies (impossible, bien sûr) ».

« Les grottes de Lascaux. »

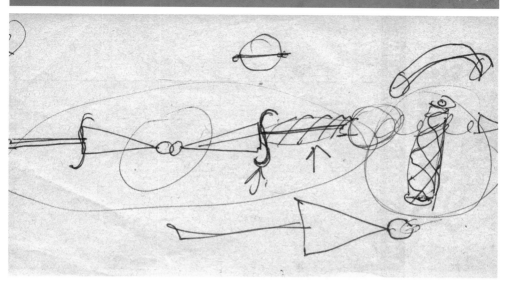

Philip Sajet wurde 1953 in Amsterdam geboren. Von 1977 bis 1981 studierte er Gold- und Silberschmiedekunst an der Gerrit Rietveld Academie. Im gleichen Jahr zog er nach Padua (Italien), wo er seine Ausbildung bei Francesco Pavan fortsetzte. 1986 begann er, sein Werk in Galerien auszustellen. Zurzeit lebt und arbeitet er in Amsterdam, wo er rund 30 Stücke im Jahr herstellt. Er schätzt, bisher rund 1.500 Designs geschaffen zu haben und würde sie gerne „alle zusammen sehen (was logischerweise nicht möglich ist)".

„Die Höhle von Lascaux."

Philip Sajet werd in 1953 geboren in Amsterdam. Hij studeerde van 1977 tot 1981 Edel- en Zilversmeedkunst aan de Gerrit Rietveld Academie. Datzelfde jaar vertrok hij naar Padua (Italië) om zijn opleiding verder te zetten met Francesco Pavan. In 1986 begon hij zijn werk tentoon te stellen in galerijen. Momenteel leeft en werkt hij in Amsterdam en creëert hij zo een 30 stukken per jaar. Hij denkt dat hij tot op heden ongeveer 1.500 ontwerpen gecreëerd heeft en hij zou het fantastisch vinden, zegt hij, «ze allemaal samen te zien (wat uiteraard onmogelijk is)».

«De grotten van Lascaux.»

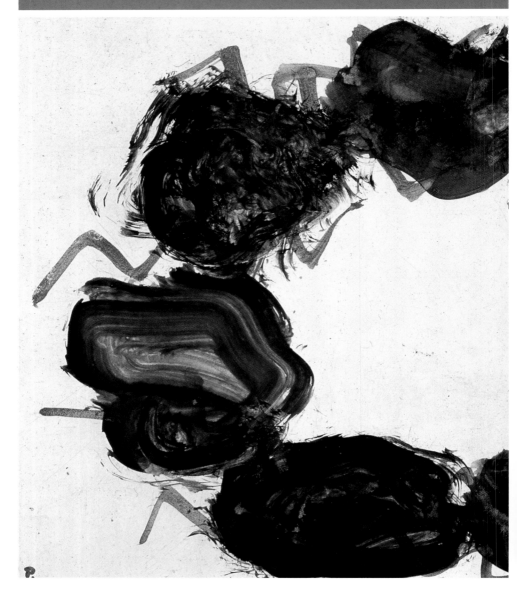

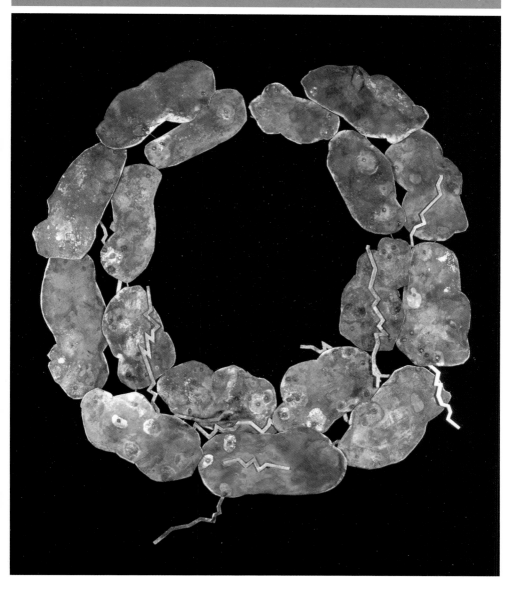

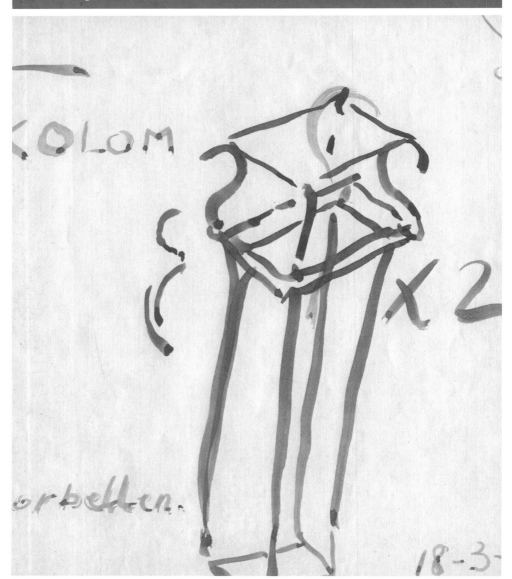

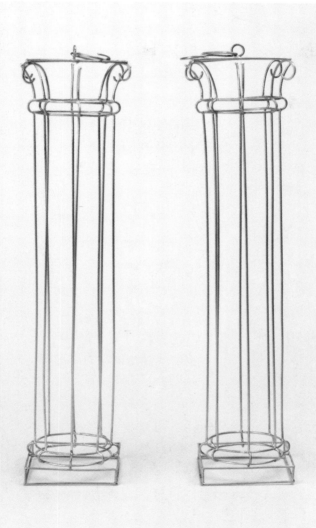

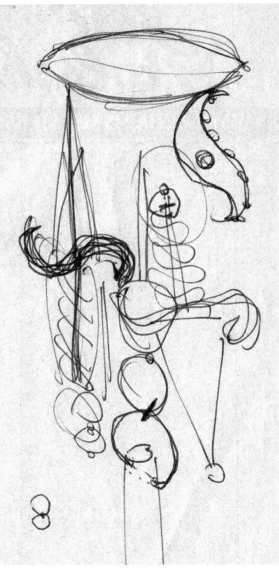

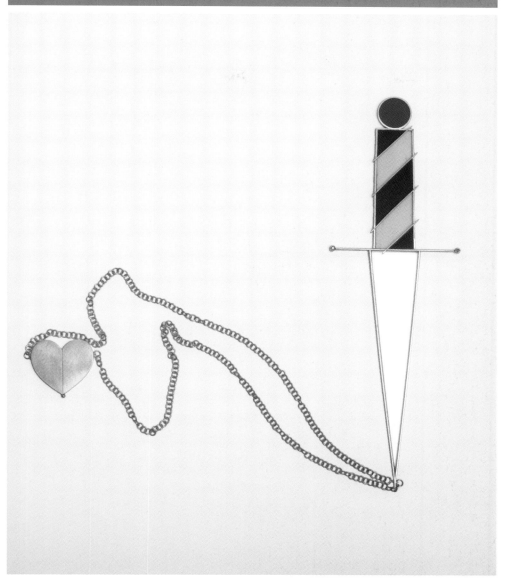

Philipsajet

schakel armpana
emaille / kralen

Raymond de Zwart

Raymond de Zwart is from Merimbula, a small town on the south coast of Australia. He began a course in jewelry and design in 2001. He graduated with a fine arts degree in metalsmithing in 2003 from the Royal Melbourne Institute of Technology, in the city where he lives today.

"The drawing of an object consists of an accumulation of detail that creates complexity, and the preservation of certain areas that serve to reveal the construction of the design. Above all the drawing tells the story of how the piece is built. It is also an allusion to the source of inspiration".

Raymond de Zwart vient de Merimbula, une petite ville sur la côte sud de l'Australie. En 2001, il entame un cours de bijouterie et de design. Il obtient en 2003 un diplôme des beaux-arts en orfèvrerie à l'Institut royal de technologie de Melbourne, ville où il vit aujourd'hui.

« Le dessin de l'objet est constitué d'une accumulation de détails qui crée la complexité et de la préservation de certaines zones servant à révéler la construction du design. Par-dessus tout le dessin raconte comment est construit l'objet. Il fait aussi allusion à la source d'inspiration. »

Raymond de Zwart kommt aus Merimbula, einer kleinen Stadt an der südlichsten Küste Australiens. Er begann 2001 einen Kurs in Produkt- und Schmuckdesign, der ihn dazu verleitete, Bildende Kunst mit Spezialisierung auf Gold- und Silberschmiedekunst am Royal Melbourne Institute of Technology zu studieren. 2003 machte er sein Diplom und lebt heute in Melbourne.

„Die Zeichnung des Gegenstands entsteht, indem Einzelheiten angehäuft werden, um Komplexität zu übertragen und gleichzeitig einige Teile den Designaufbau enthüllen zu lassen. Die Zeichnung verrät generell die Geschichte, wie der Gegenstand hergestellt wurde, während sie auch auf seine Inspirationsquelle anspielt."

Raymond de Zwart is afkomstig uit Merimbula, een kleine stad aan de meest zuidelijke kust van Australië. In 2001 volgde hij een cursus Product- en Juweelontwerp dat hem naar het Royal Melbourne Institute of Technology leidde om er Schone Kunsten te gaan studeren en zich te specialiseren in Edel- en Zilversmeedkunst. Hij behaalde in 2003 zijn diploma en woont tegenwoordig in Melbourne.

«De tekening van het object wordt gecreëerd door details te verzamelen om complexiteit uit te drukken en tegelijkertijd ervoor te zorgen dat bepaalde delen de opbouw van het ontwerp vrijgeven. In het algemeen kan men stellen dat de tekening het verhaal vertelt van hoe het object gefabriceerd werd, hoewel het eveneens verwijst naar de inspiratiebron ervan.»

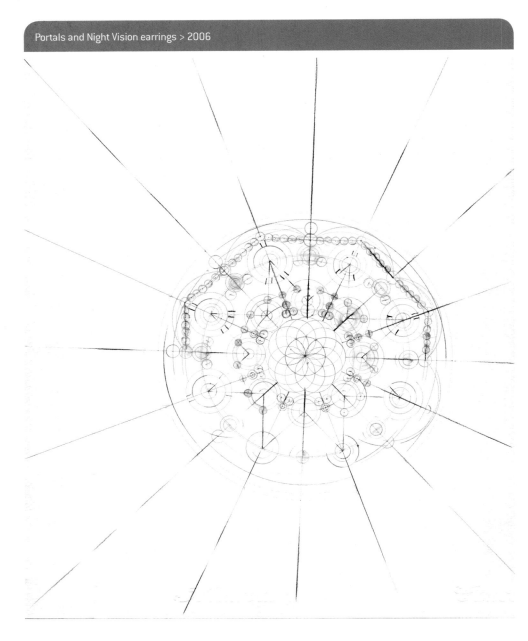

Rita Ruivo

Rita Ruivo lives in Lisbon, Portugal, where she was born in 1976. She lived in Barcelona, Spain, for a few years while studying for a degree in metalsmithing at the the Massana School of Art and Design, graduating in 2001. She is part of the Peu de Reina jewelers' collective that organizes seminars and workshops, prepares exhibitions, and promotes international exchanges.

"I usually work directly on the material; I don't make preparatory drawings. I consider drawing to be a creative interpretation and way of seeing the final result. Drawing interests me in this way – as a free interpretation of reality".

Rita Ruivo vit à Lisbonne où elle est née en 1976. Elle a vécu à Barcelone quelques années, le temps d'obtenir en 2001 son diplôme d'orfèvre à l'école d'art et de design Massana. Elle fait partie du collectif de bijoutiers Peu de Reina qui organise des colloques et des ateliers, prépare des expositions et encourage les échanges internationaux.

« D'habitude je travaille directement sur le matériau, je ne fais pas de dessins préparatoires. Je considère ce dessin comme une interprétation créative et une approche du résultat final. C'est dans ce sens que l'illustration m'intéresse, une libre interprétation de la réalité. »

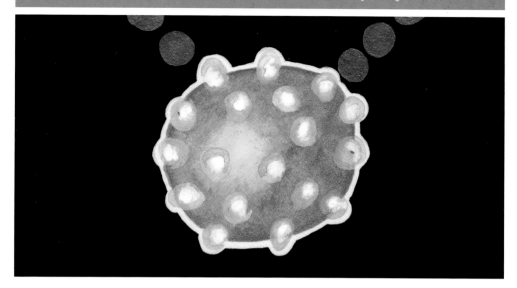

Die 30-jährige Künstlerin Rita Ruivo lebt in ihrer Geburtsstadt Lissabon. Sie zog für einige Jahre nach Barcelona, um an der Abteilung für Gold- und Silberschmiedekunst der Escuela Massana zu studieren, wo sie 2001 ihr Diplom machte. Ruivo gehört zu Peu de Reina, einer Gruppe von Goldschmieden, die Vorträge und Workshops veranstaltet, Ausstellungen organisiert und den internationalen Austausch fördert.

„Ich arbeite normalerweise direkt auf dem Material und mache generell keine vorherigen Zeichnungen. Ich erachte meine Zeichnung als eine kreative Interpretation und Annäherung an das Endergebnis. In diesem Sinne interessiert mich die Illustration als Mittel, um die Realität frei interpretieren zu können."

De kunstenares Rita Ruivo, 30 jaar oud, woont in Lissabon, haar geboortestad. Gedurende enkele jaren verhuisde ze naar Barcelona om er in de Afdeling Edel- en Zilversmeedkunst van de Massana School te gaan studeren, waar ze in 2001 haar diploma behaalde. Ruivo maakt deel uit van Peu de Reina, een juwelierscollectief dat voordrachten en workshops organiseert, tentoonstellingen voorbereidt en internationale uitwisselingen bevordert.

«Ik werk meestal direct met het materiaal en, in het algemeen, maak ik geen tekeningen vooraf. Ik beschouw tekenen als een creatieve interpretatie en benadering van het eindresultaat. In die zin heb ik interesse voor illustratie, als een manier om de werkelijkheid vrij te interpreteren.»

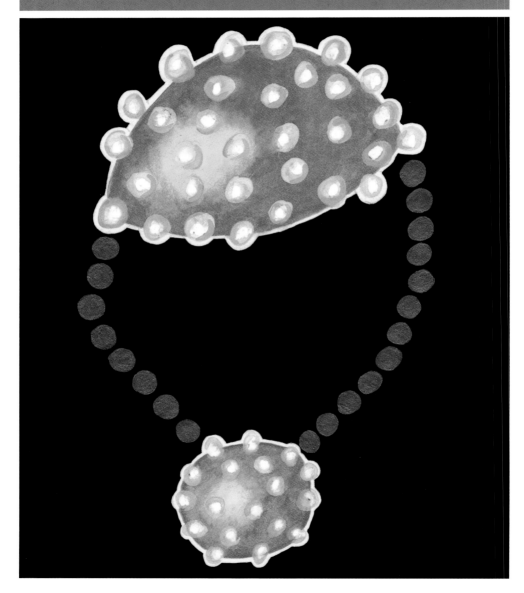

Ruudt Peters

Dutch designer Ruudt Peters was born in 1950 in Naaldwijk. He studied at the Gerrit Rietveld Academie in Amsterdam between 1970 and 1974. Peters was a co-founder of he Ekster Gallery in Leeuwarden, which was open from 1970 to 1978. He was head of the Jewelry Department of the Gerrit Rietveld Academie between 1990 and 2000. He founded the Opere International Jewelry School and currently teaches in the Department of Metals at the Konstfack University of Applied Arts in Stockholm.

"I draw to express myself freely before I start working on the material".

Le designer hollandais Ruudt Peters est né à Naaldwijk en 1950. De 1970 à 1974 il étudie à l'académie Gerrit Rietveld, à Amsterdam. La galerie Ekster à Leeuwarden, dont il est cofondateur, ouvre ses portes de 1970 à 1978. En 1990, il est nommé à la tête du département de bijouterie de l'académie Gerrit Rietveld, qu'il dirige jusqu'en 2000. Il fonde l'école de bijouterie internationale Opere et enseigne actuellement au département des métaux de l'université d'arts appliqués Konstfack de Stockholm.

« J'aime dessiner pour m'exprimer librement avant de travailler sur le matériau. »

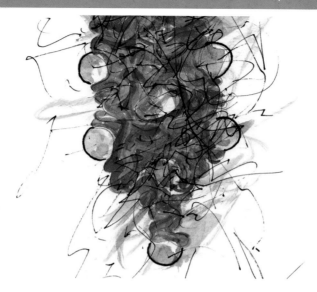

Der niederländische Designer Ruudt Peters wurde 1950 in Naaldwijk geboren. Er studierte von 1970 bis 1974 an der Gerrit Rietveld Academie in Amsterdam und war Mitbegründer der Ekster Gallery in Leeuwarden, die von 1970 bis 1978 ihre Tore öffnete. Von 1990 bis 2000 hatte er das Amt des Abteilungsleiters für Schmuckdesign an der Gerrit Rietveld Academie inne und gründete außerdem die Internationale Goldschmiedeschule in Opere. Zurzeit ist er Professor in der Metallabteilung der Konstfack University of Arts and Crafts in Stockholm.

„Ich zeichne, um mich vor der Arbeit mit dem Material frei ausdrücken zu können."

De Nederlandse ontwerper Ruudt Peters werd in 1950 geboren in Naaldwijk. Hij studeerde van 1970 tot 1974 aan de Gerrit Rietveld Academie en was medestichter van de Ekster Gallery in Leeuwarden die haar deuren opende van 1970 tot 1978. Hij bekleedde tussen 1990 en 2000 de functie van directeur van de Afdeling Edelsmeden van de Gerrit Rietveld Academie. Hij stichtte de Internationale School voor Juweelsmeedkunst in Opere en is momenteel docent in de Afdeling Metalen van de Konstfack University of Arts and Crafts in Stockholm.

«Ik teken om me vrij uit te drukken alvorens met het materiaal aan de slag te gaan.»

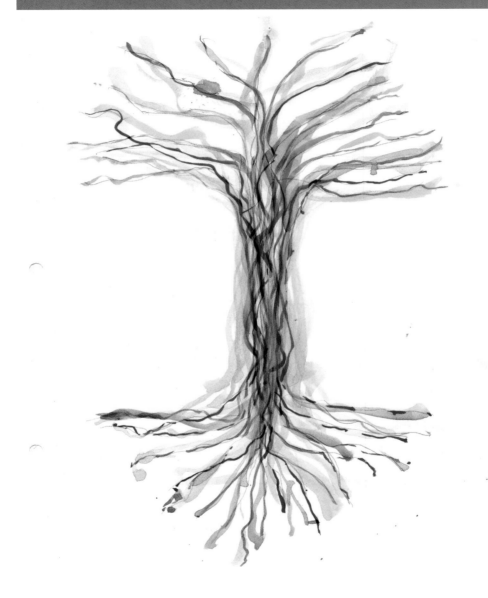

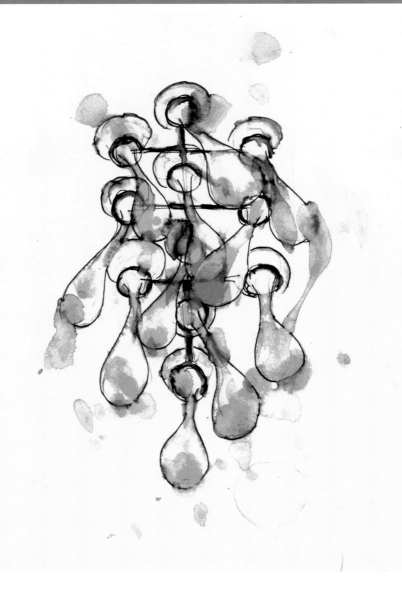

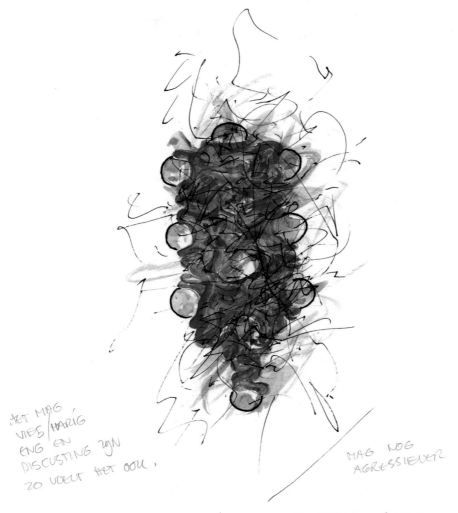

HET MAG
VIES/HARIG
ENG EN
DISCUSTING ZYN
ZO VOELT HET OOK.

MAG NOG
AGRESSIEVER

NOOSA. AUSTRALIE 2006. NA 3 DAGEN BLOED
POEPEN VOEL UC MY ANGSTIG IS DIT HET
EINDE.

Sari Liimatta

Sari Liimatta was born in 1977 into a Finnish working-class family. Her house had no paintings on the walls; however the fields and forests were close by. In 1998 she began studying stone cutting at the South Carelia Polytechnic. She participated in an exchange program for one year with the Gerrit Rietveld Academie in Amsterdam, before graduating in 2003. She has worked as a jeweler since then. In 2006 she taught at the school where she began her training.

"For me, drawing is like writing a diary; it's the most honest way to remember. I practically only make sketches; even they seem to be so fragile that it is practically useless to try to develop them further".

Sari Liimatta est née en 1977 dans une famille d'ouvriers finlandais. Chez elle il n'y avait pas de peintures au mur, en revanche les champs et les forêts étaient proches. En 1998, elle commence ses études par la taille de la pierre à l'École polytechnique de Carélie du Sud. Elle participe à un programme d'échange d'un an avec l'académie Gerrit Rietveld d'Amsterdam, et obtient sa licence en art en 2003. Elle travaille depuis comme bijoutière et dispense le cours qu'elle avait suivi à l'École polytechnique.

« Pour moi, dessiner est comme écrire un journal, le moyen le plus honnête de me souvenir. Je n'utilise pratiquement que les contours, qui ont même l'air d'avoir si peur d'exister qu'il est presque insupportable d'essayer de les développer plus avant. »

Sari Liimatta wurde 1977 als Tochter einer finnischen Arbeiterfamilie geboren. In ihrem Haus hingen keine Bilder an den Wänden, aber rundherum gab es Wälder und wilde Felder, wo Liimatta einen großen Teil ihrer Zeit verbrachte. 1998 begann sie ihre Ausbildung im Steinschleifen an der Fachhochschule Süd-Karelien. Sie absolvierte ein Austauschjahr an der Gerrit Rietveld Academie in Amsterdam und machte 2003 ihr Diplom. Seitdem arbeitet sie als Goldschmiedin. 2006 unterrichtete sie an der gleichen Schule, an der sie ihre Ausbildung begonnen hatte.

„Zeichnen ist in meinem Fall wie Tagebuchschreiben – der ehrlichste Weg, in die Vergangenheit zu schauen. Meistens verwende ich nur Skizzen, aber auch sie erscheinen so zart, dass es praktisch nutzlos ist, ihnen mehr Zeit zu widmen.“

Sari Liimatta werd in 1977 geboren in een familie van Finse arbeiders. Er hingen geen schilderijen aan de muren in haar huis, maar het was wel omringd door wilde bossen en velden, waar Liimatta een groot deel van haar tijd doorbracht. In 1998 startte ze haar studies Edelstenen aan de South Carelia Polytechnic School. Ze nam deel aan een uitwisseling met de Gerrit Rietveld Academie in Amsterdam en behaalde in 2003 haar diploma. Sindsdien werkt ze als juwelierster. In 2006 gaf ze les in de school waarin ze haar opleiding begon.

«Tekenen is in mijn geval als het schrijven van een dagboek; de eerlijkste manier om naar het verleden te kijken. Meestal gebruik ik enkel schetsen, maar zelfs die lijken zo teer dan het praktisch nutteloos is er meer tijd aan te besteden.»

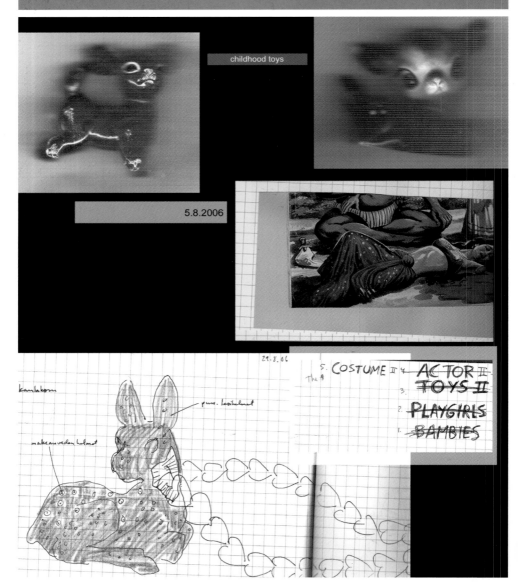

childhood toys

5.8.2006

31.8.2005

7.3.2006

2004

7.3.2006

6.1.2006

7.3.2006

7.3.2006

5.8.2006

29.10.2006

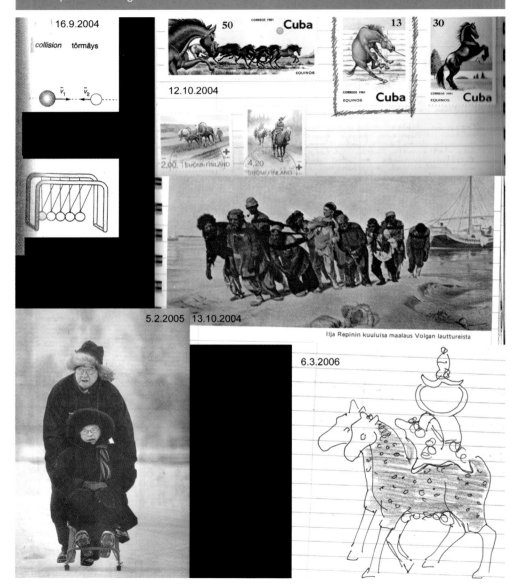

16.9.2004

collision   törmäys

50   CORREOS 1981 **Cuba**
EQUINOS

13   CORREOS 1981 **Cuba**
EQUINOS

30   CORREOS 1981 **Cuba**
EQUINOS

12.10.2004

2,00 SUOMI FINLAND

4,20 SUOMI FINLAND

5.2.2005 13.10.2004

Ilja Repinin kuuluisa maalaus Volgan lauttureista

6.3.2006

Silke Fleischer

Silke Fleischer, born in Biberach, Germany, has Austrian and Belgian roots. In 1995, she began a course in ceramics at the Royal Academy of Fine Arts in Antwerp. On finishing, she decided spend a few more years studying jewelry and metalsmithing at the St Lucas Karel de Grote Hogeschool, also in Antwerp. After graduating in 2002, she began exhibiting her work, and in 2005, she opened a gallery of jewelry and objets d'art in Antwerp's old town.

"These sketches are the first things that spring to my mind. They are not comprehensive or definitive, just a memo. When I start, the actual piece goes through different stages".

Silke Fleischer a des racines austro-belges. Elle est née à Biberach, en Allemagne. En 1995, elle suit une formation en céramique à l'Académie royale des beaux-arts d'Anvers. Ensuite, elle décide d'étudier quelques années supplémentaires la bijouterie et l'orfèvrerie à l'école Saint Lucas Karel de Grote, également à Anvers. Après son diplôme en 2002, elle commence à exposer. En 2005, elle ouvre une galerie de bijoux et d'objets dans le centre historique d'Anvers.

« Ces croquis sont la première idée qui jaillit de mon esprit. Ils ne sont pas encore détaillés ou définitifs, juste un mémo. Quand je commencerai la pièce elle-même, elle passera par différentes étapes. »

Silke Fleischer, eine Künstlerin mit österreichischen und belgischen Wurzeln, wurde in Biberach (Deutschland) geboren. 1995 begann sie ihre Keramikausbildung an der Königlichen Akademie für Bildende Künste in Antwerpen. Nach dem Diplom beschloss sie, sich einige Jahre weiter in der Gold- und Silberschmiedekunst weiterzubilden, und schrieb sich in der ebenfalls in Antwerpen ansässigen St. Lucas Karel de Grote Hogeschool ein. Nach ihrem Diplom im Jahr 2002 begann sie auszustellen und eröffnete 2005 eine Schmuckgalerie in der Altstadt Antwerpens.

„Diese Skizzen sind die ersten Ideen, die mir einfallen. Sie sind weder detailliert noch endgültig, sie dienen nur der Erinnerung. Nachdem es begonnen wurde, durchläuft das endgültige Stück verschiedene Phasen."

Silke Fleischer, kunstenares met Oostenrijkse en Belgische wortels, werd geboren in Biberach (Duitsland). In 1995 startte ze haar opleiding in keramiek aan de Koninklijke Academie voor Schone Kunsten in Antwerpen. Eens dat voltooid, besloot ze zich enkele jaren langer voor te bereiden in de juweel- en zilversmeedkunst en schreef zich daarom in aan de St. Lucas Karel de Grote Hogeschool, eveneens in Antwerpen. Nadat ze in 2002 haar diploma behaalde, begon ze met tentoonstellen en in 2005 opende ze een juwelen- en voorwerpengalerij in het oude stadscentrum van Antwerpen.

«Deze schetsen zijn de eerste ideeën die bij me opkomen. Ze zijn niet gedetailleerd noch definitief, het zijn slechts geheugensteuntjes. Eens begonnen, zal het uiteindelijke stuk verschillende etappes doorlopen.»

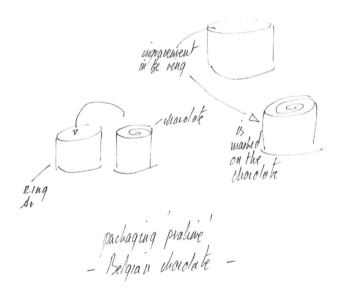

improvement
in the ring

-chocolate

is
marked
on the
chocolate

ring
dr

packaging praline'
- Belgian chocolate -

Susan Pietzsch

Susan Pietzsch was born in Freiburg, Germany, in 1969. She studied jewelry at the Wismar-Heiligendamm University, graduating in 1996. Pietzsch lives between Glashagen, on the Baltic coast, and Berlin. She also does a lot of work in Tokyo.

"The drawings are made by my assistant, Naomi Kuki. She draws my work – practically all of it. Naomi started drawing pieces for the website. Her designs are quite unique, sensitive, and colorful. I feel she captures my feelings perfectly. After a while, her drawings and my work began to work like a game of game of ping pong – her work also inspires me at times".

Susan Pietzsch est née à Fribourg, en Allemagne, en 1969. Elle étudie l'orfèvrerie à l'université Wismar, à Heiligendamm, et obtient son diplôme en 1996. Pietzsch vit à Glashagen, sur la côte de la mer Baltique, et à Berlin. Elle travaille aussi beaucoup à Tokyo.

« Les dessins sont faits par mon assistante, Naomi Kuki. Elle dessine mes travaux – presque tous. Naomi a commencé à dessiner des pièces pour le site Web. Ses dessins sont assez uniques, sensibles et colorés. Je sens qu'elle perçoit parfaitement ma sensibilité. Au bout d'un moment, un jeu de "ping-pong" s'installe entre ses dessins et mon travail – son travail m'inspire aussi, parfois. »

Susan Pietzsch wurde 1969 in Freiberg (Deutschland) geboren. Sie absolvierte ihre Ausbildung in Gold- und Silberschmiedekunst an der Hochschule Wismar-Heiligendamm, wo sie 1996 ihr Diplom machte. Zurzeit lebt sie in Glashagen an der Ostseeküste und in Berlin, arbeitet aber auch viel in Tokio.

„Die Zeichnungen sind von meiner Assistentin Naomi Kuki. Sie ist für die Zeichnung praktisch aller meiner Arbeiten zuständig. Zuerst zeichnete sie Stücke für die Homepage. Ihre Zeichnungen sind einzigartig, fein und farbenfroh. Ich glaube, sie nimmt meine Empfindsamkeit perfekt auf. Mit der Zeit sind ihre Zeichnungen und mein Werk zu einer Art Pingpong geworden: Ich inspiriere mich auch an ihrer Arbeit."

Susan Pietzsch werd in 1969 geboren in Freiberg (Duitsland). Ze volgde haar opleiding in edel- en zilversmeedkunst aan de Universiteit van Wismar-Heiligendamm, waar ze in 1996 haar diploma behaalde. Momenteel leeft ze tussen Glashagen, aan de Baltische kust en Berlijn, hoewel ze ook vaak in Tokio werkt.

«De tekeningen zijn van mijn assistente Naomi Kuki. Zij tekent praktisch al mijn werken. Ze begon met stukken te tekenen voor de webpagina. Haar tekeningen zijn uniek, delicaat en kleurrijk. Ik denk dat ze mijn sensibiliteit perfect weergeeft. Met de tijd, zijn haar tekeningen en mijn werk beginnen functioneren zoals pingpong: ik inspireer mij ook op haar werk.»

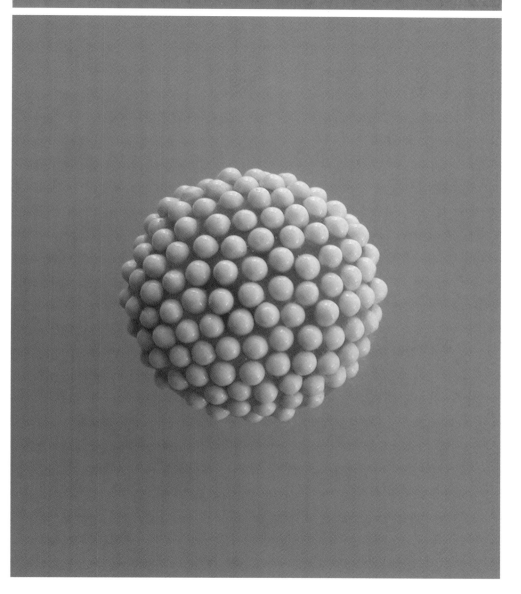

Susanne Klemm

Susanne Klemm was born in Zurich, Switzerland. As her parents opposed her dream of becoming a jeweler, she followed in her father's footsteps and became an optician. However, Klemm continued to make jewelry. Finally, in 1989, she enrolled at the Zurich School of Art and Design. She graduated in 1992 before leaving to do an internship in Amsterdam. She decided to stay in the Netherlands and continue her studies, which she completed in 1995 when she graduated from the Academy of Fine Arts in Utrecht.

"A new jewelry project always starts with drawings. I draw all the time and my notebook is always with me, even when I sleep".

Susanne Klemm est née à Zurich, en Suisse. Ses parents s'opposant à son rêve de devenir bijoutière, elle suit les traces de son père et devient opticienne. Cependant, Klemm continue à faire de la bijouterie. Finalement, elle s'inscrit en 1989 à l'école d'art et de design de Zurich. Elle obtient son diplôme en 1992 puis part faire un stage à Amsterdam. Elle décide de rester aux Pays-Bas et complète ses études, qu'elle finit en 1995, à l'académie des beaux-arts d'Utrecht.

« Un nouveau projet de bijoux commence toujours avec des dessins. Je dessine tout le temps et mon carnet est toujours près de moi, même quand je dors. »

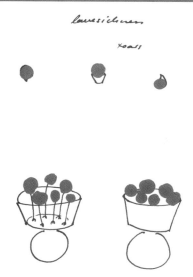

Susanne Klemm wurde in Zürich (Schweiz) geboren. Obwohl sie Goldschmiedin werden wollte, riet ihr ihre Familie davon ab, sodass sie in den Fußstapfen ihres Vaters trat und Optik studierte. Sie verlor aber nie ihr Interesse am Schmuckdesign und schrieb sich 1989 an der Kunst- und Designschule in Zürich ein, wo sie 1982 ihr Diplom ablegte. Danach absolvierte sie Praktika in Amsterdam und beschloss, sich in den Niederlanden zu etablieren. Dort vertiefte sie ihre Kenntnisse an der Akademie der Bildenden Künste in Utrecht und machte 1995 ihr Diplom.

„Ein neues Schmuckprojekt beginnt immer mit Zeichnungen. Ich zeichne den ganzen Tag und habe mein Heft sogar dabei, wenn ich zu Bett gehe."

Susanne Klemm werd geboren in Zürich (Zwitserland). Hoewel het haar wens was juwelierster te worden, raadde haar familie haar dat af, en dus volgde ze in de voetsporen van haar vader en studeerde ze Optiek. Maar de juweelsmeedkunst bleef haar boeien en in 1989, schreef ze zich in aan de School voor Kunst en Ontwerp in Zürich, waar ze in 1992 afstudeerde. Daarna liep ze praktijk in Amsterdam en besloot zich in Nederland te vestigen. Daar breidde ze haar kennis uit aan de Academie voor Schone Kunsten in Utrecht waar ze in 1995 afstudeerde.

«Een nieuw juwelenproject begint altijd met tekeningen. Ik breng de hele dag door met tekenen en neem overal mijn blocnote mee, ook wanneer ik naar bed ga.»

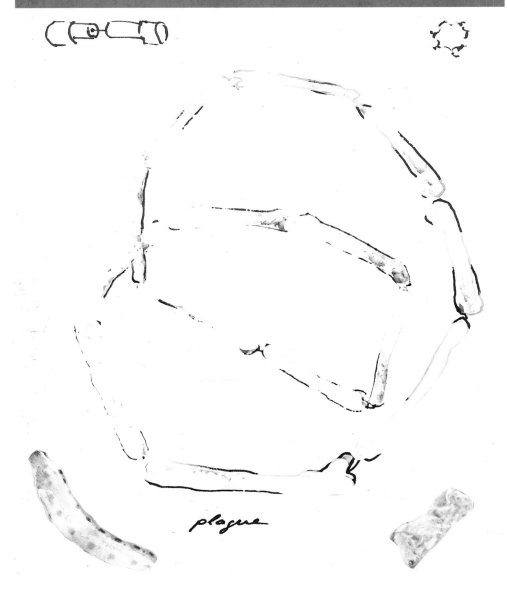

plague

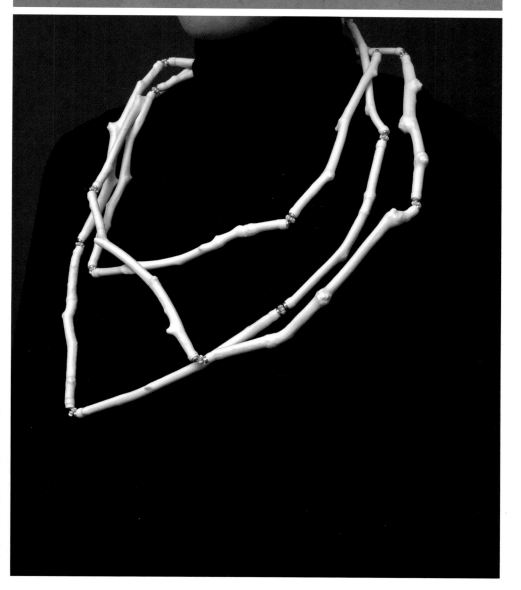

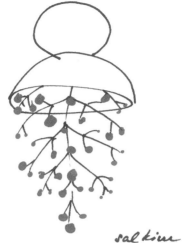

Traube = salkim

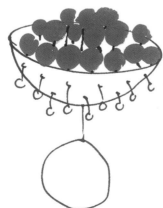

Bah vol met tranen, bloeddruppels

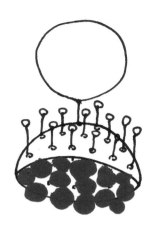

Susie Ganch

Susie Ganch was born in 1970 in Wisconsin, USA. In 1997 she completed a Master's in Fine Arts at the University of Wisconsin, specializing in metals and jewelry design. She spent three years at the Penland School of Crafts in North Carolina as a resident artist, after which time she worked in a studio and taught in San Francisco. She currently directs the metal working program at the School of Fine Arts of the Virginia Commonwealth University in Richmond.

"I've always made a lot of sketches and drawings on paper, but I never really had the intention of showing them. I loved the immediacy of the process in relation to my work on metal".

Susie Ganch est née en 1970 dans le Wisconsin. En 1997 elle obtient sa maîtrise en beaux-arts, options métaux et création de bijoux, à l'université du Wisconsin. Elle passe trois ans à l'école des arts et métiers de Penland, en Caroline du Nord, en tant qu'artiste résidante, puis elle travaille dans un atelier et donne des cours à San Francisco. Aujourd'hui, elle dirige le programme de travail sur métaux à l'école des beaux-arts de l'université du Commonwealth de Virginie, à Richmond.

« J'ai toujours fait énormément de croquis ou de dessins sur papier mais jamais réellement dans l'intention de les montrer. J'ai adoré l'instantanéité du processus par rapport à mon travail sur métal ! »

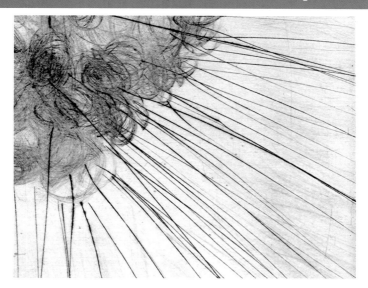

Susie Ganch wurde 1970 im US-Bundesstaat Wisconsin geboren. 1997 machte sie an der Universität von Wisconsin ihr Diplom in Bildender Kunst, wo sie sich auf Metalle und Schmuckdesign spezialisierte. Sie verbrachte drei Jahre an der Schule in Penland, North Carolina, als ansässige Künstlerin. Danach arbeitete sie in einer Werkstatt und gab Kurse in San Francisco. Zurzeit leitet sie Arbeitsprogramme mit Metallen an der Schule für Bildende Kunst der Commonwealth Universität in Richmond, Virginia.

„Ich habe Skizzen und Zeichnungen auf Papier gemalt, aber nie mit der Absicht, sie zu zeigen. Ich liebe die Direktheit des Prozesses bei der Arbeit mit Metall."

Susie Ganch werd in 1970 geboren in de staat Wisconsin. In 1997 behaalde ze haar diploma in Schone Kunsten met een specialisatie in Metalen en Juweelontwerp aan de universiteit van Wisconsin. Ze bracht drie jaar door in de school van Penland in North Carolina als resident-kunstenares en later werkte ze in een atelier en begon les te geven in San Francisco. Tegenwoordig leidt ze een werkprogramma in metalen in de school voor Schone Kunsten van de Commonwealth University in Virginia, Richmond.

«Ik heb altijd schetsen en tekeningen gemaakt op papier maar nooit met de bedoeling ze te tonen. Ik ben dol op de ogenblikkelijkheid van het proces in vergelijking met het werk op metaal.»

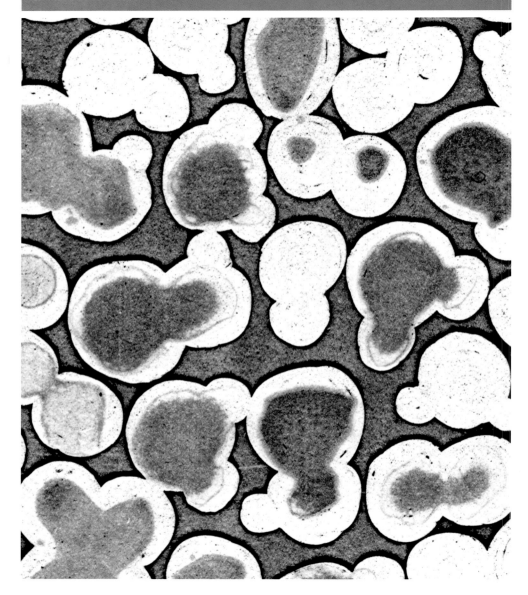

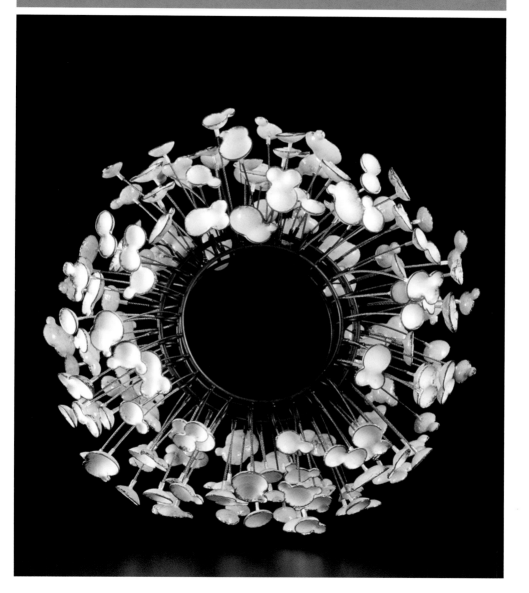

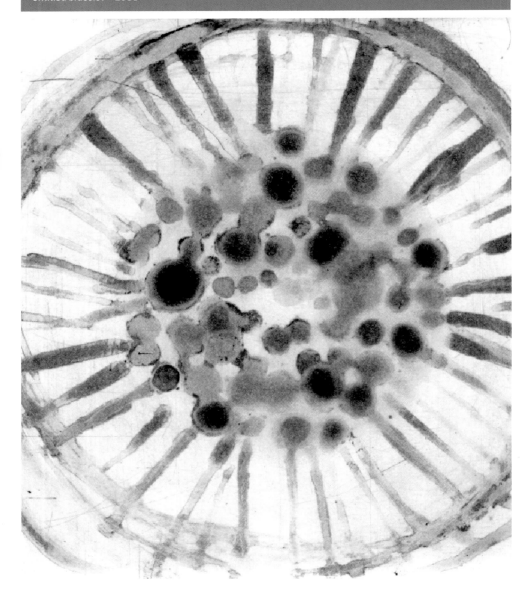

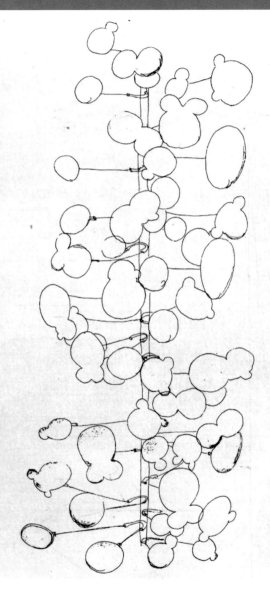

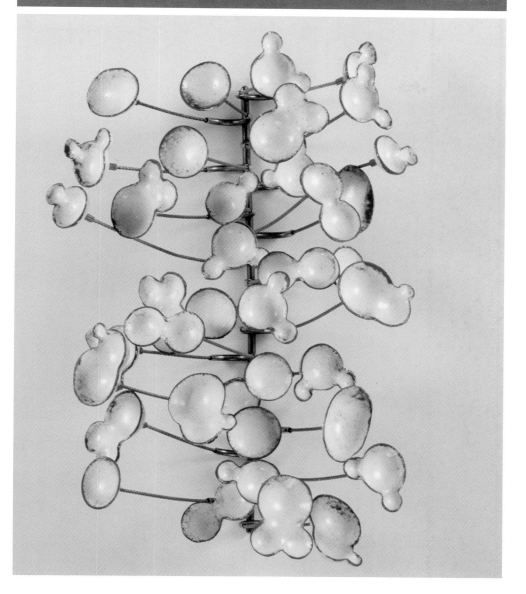

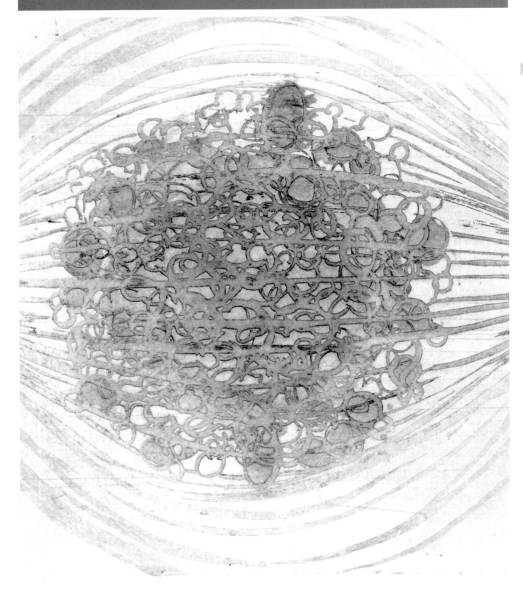

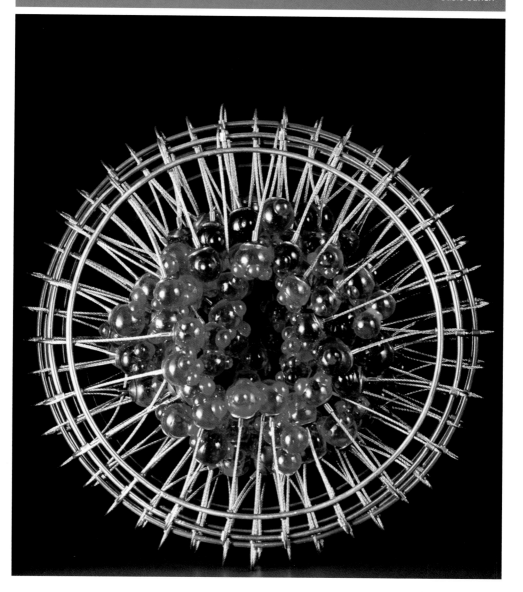

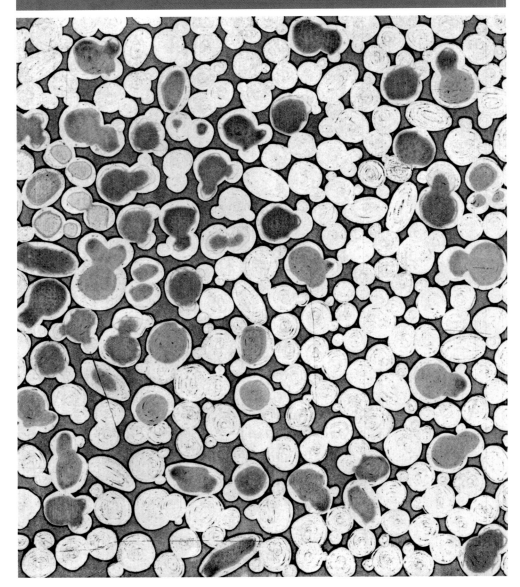

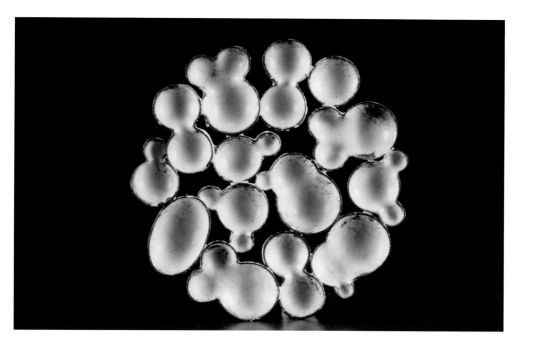

Svenja John

Svenja John was born in 1963 in Duisburg, Germany. At the age of 14, while on holiday on the Adriatic coast, she met a young goldsmith whose enthusiasm and joy fascinated her. The young woman seemed so passionate about her work that John decided to follow her footsteps. John studied archeology at the Ruhr University for two years, while waiting for a place at the State Academy of Drawing in Hanau, where she finally was able to study between 1985 and 1989, before going to the State Academy of Fine Arts in the same city, where she obtained her Master's degree. She has had her own studio in Berlin since 1994.

"Drawing is the beginning of any new project or model, and I love the adrenalin rush that comes with this process".

Svenja John est née en 1963 à Duisburg, en Allemagne. À 14 ans, en vacances sur la côte Adriatique, elle rencontre une jeune orfèvre dont le rayonnement et la joie la fascinent. La jeune femme paraît si passionnée par son travail que John décide de suivre ses traces. Pendant deux ans, John étudie l'archéologie à l'université de la Ruhr dans l'attente d'une place à l'académie d'État de dessin de Hanau, où elle étudie enfin de 1985 à 1989. Elle intègre ensuite l'académie d'État des beaux-arts de Hanau, où elle obtient sa maîtrise. Depuis 1994, elle travaille dans son propre studio à Berlin.

« Dessiner est le début de tout nouveau projet ou modèle, et j'aime l'apport "adrénergique" de ce processus. »

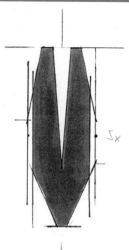

Svenja John wurde 1963 in Duisburg (Deutschland) geboren. Mit 14 Jahren lernte sie während eines Urlaubs an der Adriaküste eine junge Goldschmiedin kennen, deren Arbeit ihr so aufregend und deren Aussehen ihr so glücklich vorkam, dass sie beschloss, das Gleiche zu tun. Sie studierte zwei Jahre Archäologie an der Ruhr-Universität Bochum, während sie auf ihre Aufnahme in die Staatliche Zeichenschule Hanau wartete, wo sie schließlich von 1985 bis 1989 ihre Ausbildung absolvierte und mit einem Master abschloss. Seit 1994 arbeitet sie in ihrem Atelier in Berlin.

„Zeichnen ist der Beginn aller neuen Skizzen oder Modelle. Ich mag den Adrenalinstoß, der zu diesem Prozess gehört."

Svenja John werd geboren in Duisburg, in het voormalige Oost- Duitsland, in 1963. Toen ze 14 jaar was, leerde ze tijdens een vakantie aan de Adriatische Zee een jonge edelsmid kennen wiens werk haar zodanig boeide en die er zelf zo gelukkig uitzag, dat ze besloot dat ze hetzelfde wou doen. Gedurende twee jaar studeerde ze Archeologie aan de Ruhr-Universiteit in Bochum, terwijl ze op de wachtlijst stond om naar de Rijkstekenacademie van Hanau te gaan, waar ze uiteindelijk van 1985 tot 1989 haar opleiding volgde, die ze bekroonde met een master. Sinds 1994 werkt ze in haar studio in Berlijn.

«Tekenen is het begin van gelijk welke nieuwe schets of model. Ik houd van de adrenalinestoot die dit proces met zich meebrengt.»

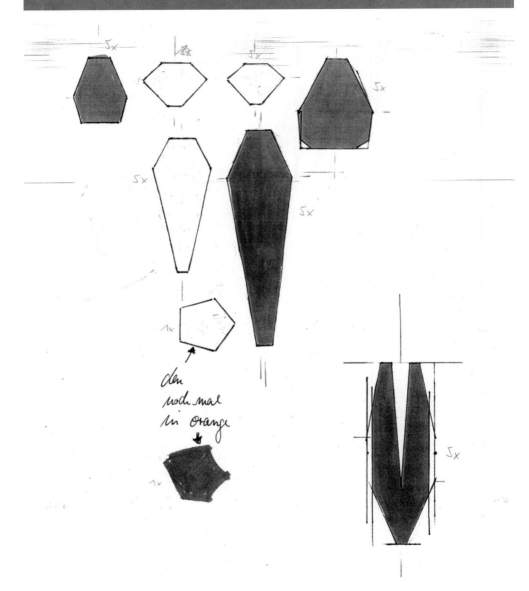

den noch mal in orange

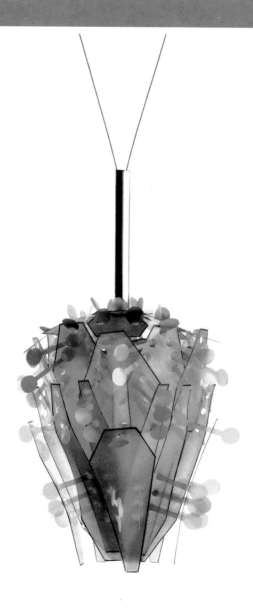

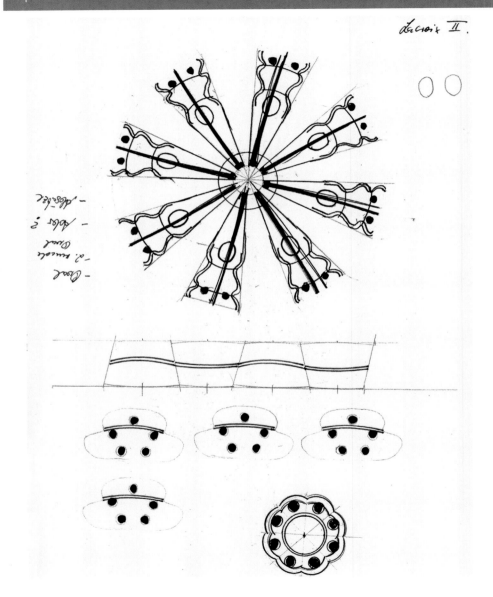

2008

17.05.09

Platte5

Ted Noten

Ted Noten was born in 1956 in Tegelen, Germany. He worked as a builder and psychiatric nurse, and traveled before entering the Academy of Applied Arts in Maastricht in 1983. After graduating in 1986, he studied metal working and jewelry at the Gerrit Rietveld Academie in Amsterdam until 1990. He has been a research professor at the University of Birmingham since 2005. Although he has always been on the fringe of the jewelry design community, Ted Noten is one of the most innovative designers.

"My drawings are very intuitive, almost childish, and my technique is horrible; but they give me a solid visual image with which to make my pieces".

Ted Noten est né en 1956 à Tegelen en Allemagne. Il est tour à tour maçon, infirmier psychiatrique et voyageur avant d'entrer à l'académie d'arts appliqués de Maastricht en 1983. Diplômé en 1986, il intègre jusqu'en 1990 l'académie Gerrit Rietveld, à Amsterdam, dans le département des métaux et de la bijouterie. Depuis 2005, Il est professeur chargé de recherches à l'université de Birmingham. Bien qu'il se soit toujours situé à la marge de la communauté de la bijouterie, Ted Noten est l'un des designers les plus innovants.

« Mes dessins sont très intuitifs, presque enfantins, une horreur technique ; mais cela me donne une bonne idée visuelle pour la mise en œuvre. »

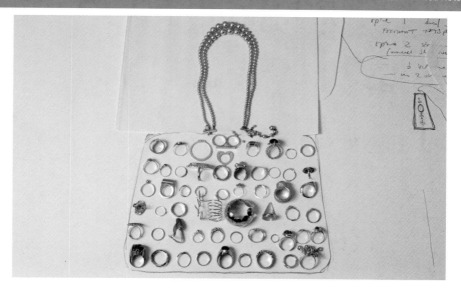

Ted Noten wurde 1956 in Tegelen (Deutschland) geboren. Bevor er 1983 an der Akademie für Angewandte Künste in Maastricht begann, hatte er unter anderem als Maurer und als Krankenpfleger in einem Psychiatriekrankenhaus gearbeitet und war gereist. Nach seinem Diplom 1986 schrieb er sich an der Gerrit Rietveld Academie in Amsterdam ein, wo er von 1986 bis 1990 in der Abteilung für Metallbearbeitung und Schmuckdesign studierte. Seit 2005 ist er beigeordneter Forscher der Universität Zentralenglands in Birmingham. Obwohl Ted Noten sich immer außerhalb der Gemeinschaft der Schmuckdesigner bewegt hat, ist er einer der innovativsten Künstler.

„Meine Zeichnungen sind sehr intuitiv, fast kindlich. Technisch sind sie eine Katastrophe. Aber sie bieten mir eine solide visuelle Idee, mit der ich das Stück materiell ausführen kann."

Ted Noten werd in 1956 geboren in Tegelen (Duitsland). Alvorens in 1983 naar de Academie voor Toegepaste Kunsten in Maastricht te gaan, werkte hij als metselaar, verpleger in een psychiatrisch ziekenhuis en reisde hij veel. Nadat hij afstudeerde in 1986, schreef hij zich in aan de Gerrit Rietveld Academie in Amsterdam, waar hij van 1986 tot 1990 in de Afdeling Metaalbewerking en Juweelsmeedkunst studeerde. Sinds 2005 is hij medewerkend onderzoeker aan de Universiteit van Centraal-Engeland in Birmingham. Ondanks het feit dat hij zich altijd buiten de gemeenschap juweelontwerpers hield, is Ted Noten één van de meest innoverende kunstenaars.

«Mijn tekeningen zijn heel intuïtief, bijna kinderlijk. Technisch gezien een ramp. Maar ze bieden me een degelijk visueel idee dat me in staat stelt het stuk materiaal te verwezenlijken.»

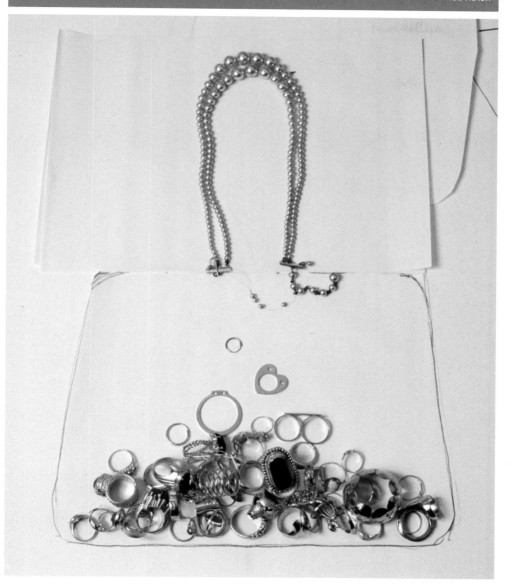

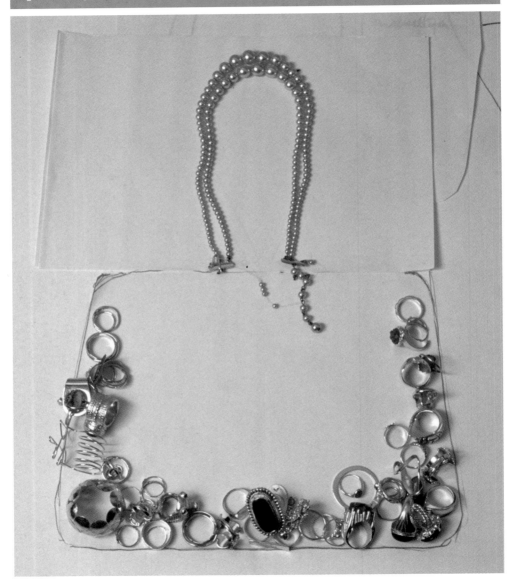

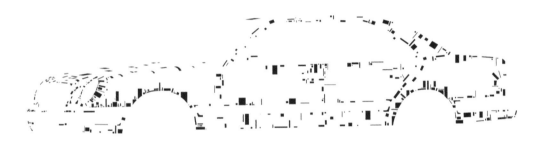

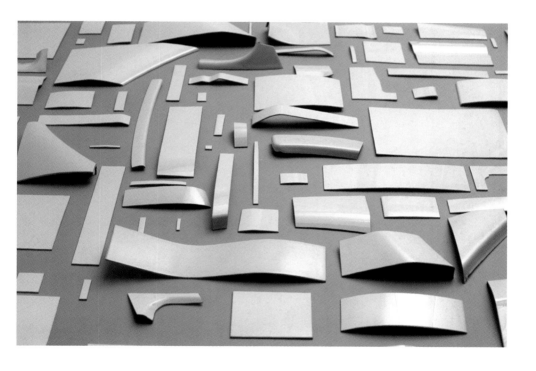

Terhi Tolvanen

Terhi Tolvanen was born in Helsinki, Finland, in 1968. She studied silversmithing at the Institute of Design in Lahti before continuing with jewelry studies at the Gerrit Rietveld Academie in Amsterdam. In 1997 she was invited to study for her Master's degree at the Sandberg Institute in Amsterdam. She completed it in 1999 and began to exhibit her work. She has lived and worked in Amsterdam for 13 years.

"I like to draw on loose sheets of A4 printing paper. I always start by making little notes on of ideas, and as the idea grows, so does the drawing. Drawing is an essential part of my way of working".

Terhi Tolvanen est né à Helsinki, en Finlande, en 1968. Elle étudie l'orfèvrerie à l'Institut du design de Lahti puis poursuit sa formation à l'académie Gerrit Rietveld d'Amsterdam, au sein du département de bijouterie. En 1997, elle est invitée à étudier à l'institut Sandberg d'Amsterdam. En 1999, elle obtient une maîtrise en art et commence à exposer. Depuis treize ans, elle vit et travaille à Amsterdam.

« J'aime dessiner sur des feuilles volantes de papier A4 à imprimer. Je commence toujours par de petites notes sur mes idées et le dessin grandit avec l'évolution de l'idée. Dessiner est pour moi une part essentielle de mon processus de travail. »

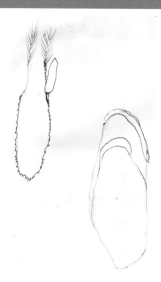

Terhi Tolvanen wurde 1968 in Helsinki (Finnland) geboren. Sie studierte Silberschmiedekunst am Institut für Design in Lahti und setzte ihr Studium an der Abteilung für Schmuckdesign der Gerrit Rietveld Academie in Amsterdam fort. 1997 wurde ihrem Antrag, am Sandberg Institut in Amsterdam einen Masterstudiengang zu absolvieren, stattgegeben. Sie schloss ihn 1999 ab und führt seitdem Ausstellung durch. Tolvanen lebt und arbeitet seit 13 Jahren in Amsterdam.

„Ich zeichne gerne auf lose DIN A-4 Blätter. Ich fange immer an, kleine Notizen von meinen Ideen zu machen. Je weiter die Ideen sich entwickeln, umso größer werden auch die Zeichnungen. Zeichnen ist ein grundlegender Teil meiner Arbeitsmethode."

Terhi Tolvanen, geboren in Helsinki (Finland) in 1968, studeerde Zilversmeedkunst aan het Ontwerpinstituut van Lahti en zette haar studies verder in de Afdeling Juweelontwerp van de Gerrit Rietveld Academie in Amsterdam. In 1997 werd zijn aanvraag om een master te volgen aan het Sandberg Institute te Amsterdam aanvaard. Hij voltooide deze in 1999 en sindsdien realiseert hij tentoonstellingen. Tolvanen leeft en werkt reeds 13 jaar in Amsterdam.

«Ik houd ervan op losse A4-bladen te tekenen. Ik begin altijd met kleine aantekeningen van mijn ideeën; naarmate die groeien, groeien ook de tekeningen. Tekenen maakt een essentieel deel uit van mijn werkmethode.»

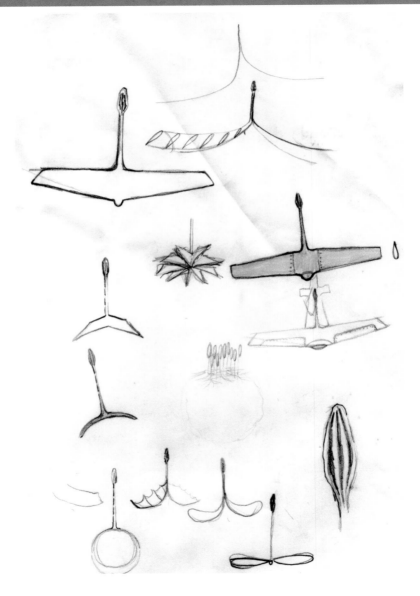

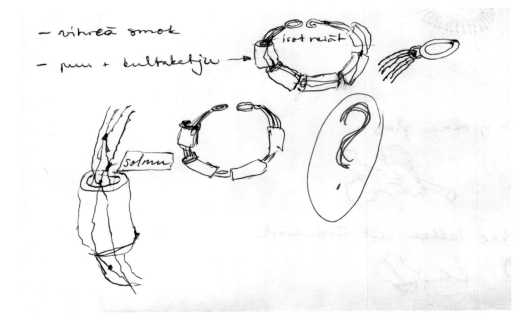

- vihreä smok
- puu + kultaketju →   isot reiät

solmu

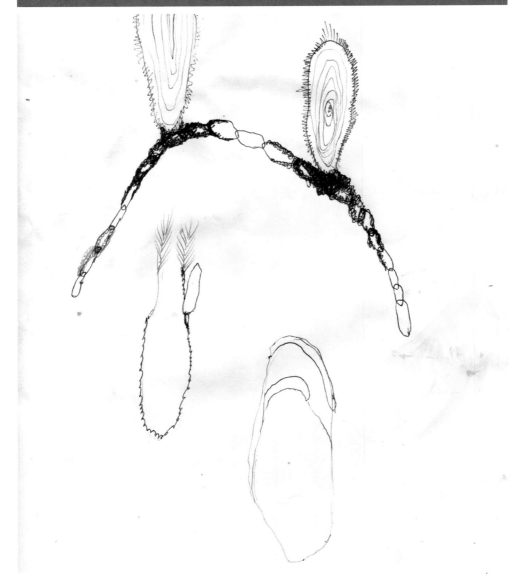

Todd Reed

Self-taught jeweler Todd Reed was born in Winston-Salem, United States. He first studied to be a pastry chef and received his cooking school diploma in 1994. During his training and while working as a chef, Reed made ends meet every month by making jewelry. He acquired his metal working skills through the job he found after finishing high school in a company making leather garments and bags. Decorating those leather goods with silver detailing opened a window of fascinating opportunities for Reed.

"I love to draw; it's a simple pleasure that always makes me happy. I love to draw anything at any time, which is why I always carry a notebook with me. My drawings are purely emotional and I rarely finish any".

Bijoutier autodidacte, Todd Reed est né à Winston-Salem, aux États-Unis. Il étudie d'abord la pâtisserie et obtient en 1994 son diplôme de l'école de cuisine. Pendant sa formation puis lorsqu'il travaille comme chef, Reed arrondit ses fins de mois avec sa bijouterie. Il a acquis ses compétences d'orfèvre grâce à l'emploi qu'il a trouvé après le lycée dans une entreprise de cuir produisant des vêtements, des sacs, etc. La décoration de ces produits en cuir, à base d'ornements en argent, a ouvert pour Reed des perspectives fascinantes.

« J'adore dessiner, c'est un plaisir simple qui me rend toujours heureux. J'aime dessiner quoi que ce soit, quel que soit le moment, et j'ai toujours un carnet de dessin avec moi. Mes dessins sont strictement émotionnels et il est rare que j'en finisse un. »

Der autodidaktische Goldschmied Todd Reed wurde in Winston Salem (USA) geboren. Er begann eine Ausbildung zum Konditor und machte 1994 seinen Abschluss im Hotelgewerbe. Während seines Studiums und seiner Tätigkeit als Pâtissier widmete er sich dem Schmuckdesign, um seine Einnahmen aufzubessern. Bei einer Anstellung als Kürschner nach dem Abitur, in deren Rahmen er Kleidungsstücke und Taschen herstellte, erlernte er die Techniken der Metallbearbeitung. Als man damit begann, Lederwaren mit Silberelementen zu verzieren, begab er sich in eine Welt, die ihn vom ersten Augenblick an begeisterte. Ausgehend von diesen bescheidenen Ursprüngen begann er seine Ausbildung.

„Ich liebe es zu zeichnen. Es ist ein einfacher Genuss, der mich sehr glücklich machen kann. Ich male gerne, und zwar alles, egal zu welcher Tageszeit. Deshalb habe ich immer meinen Skizzenblock dabei. Meine Zeichnungen sind rein emotional und ich beende sie selten oder nie."

De autodidactische Todd Reed werd geboren in Winston Salem (VS). Hij begon studies als banketbakker en behaalde het diploma horeca in 1994. Tijdens zijn studies en terwijl hij als chef werkte, wijdde hij zich aan de juweelsmeedkunst om zijn inkomsten aan te vullen. Hij leerde de technieken van de metaalbewerking terwijl hij kleding en tassen maakte tijdens zijn job als bontwerker die hij na de middelbare school deed. Toen men begon lederen artikels met zilveren elementen te versieren, betrad hij een wereld dat hem onmiddellijk fascineerde en met deze bescheiden oorsprong startte zijn opleiding.

«Ik ben dol op tekenen. Het is een eenvoudig plezier dat mij heel gelukkig kan maken. Ik teken graag allerlei zaken en op gelijk welk uur; daarom neem ik ook altijd overal mijn schetsboek mee. Mijn tekeningen zijn zuiver emotioneel en ik maak ze zelden af, om niet te zeggen nooit.»

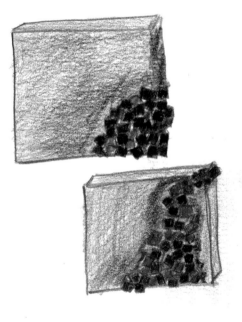

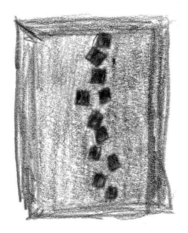

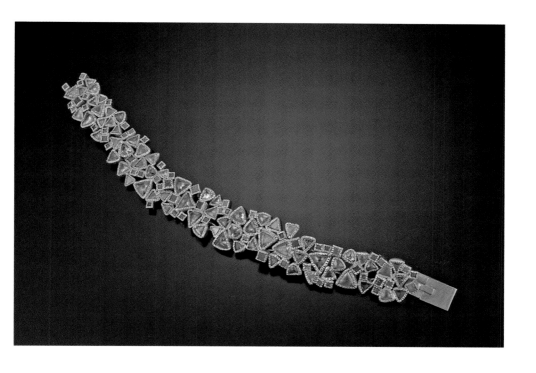

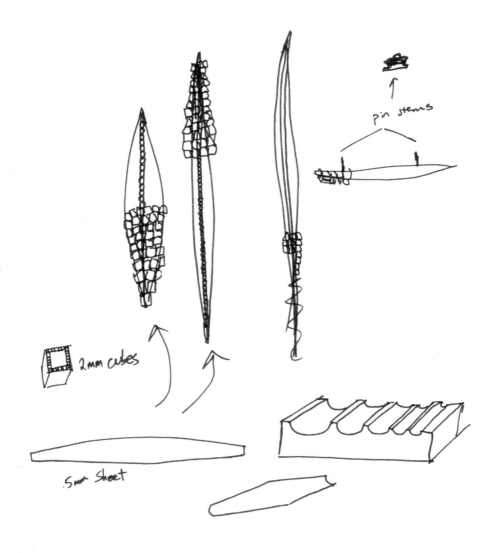

pin stems

2mm cubes

.5mm Sheet

Txè Aymat

Txè Aymat was born in the town of Mataró, near Barcelona, Spain. Apart from one year of work experience with a local jeweler, he is largely self-taught. His work includes glassware and wrought iron balconies. Aymat is heavily influenced by Modernism (Art Nouveau), ubiquitous in Catalonia, particularly in Barcelona.

"I've loved to draw since I was a child. I always make a drawing before starting a piece; and sometimes I spend more time on the drawing than I do to make it because the process has already taken place in my mind. This means that for me there is no jewelry without drawing".

Txè Aymat est né à Barcelone. À part une année de pratique chez un bijoutier local, il est autodidacte. Son travail englobe la verrerie et les balcons en fer forgé. Aymat est très influencé par le modernisme (l'art nouveau), omniprésent en Catalogne, surtout à Barcelone.

« J'aime dessiner depuis que je suis enfant. Je fais toujours un dessin avant de commencer une pièce, et parfois je passe plus de temps à la dessiner qu'à la réaliser parce que le processus a déjà eu lieu dans mon esprit. Ce qui veut dire que pour moi il n'y a pas de bijouterie sans dessin. »

Txè Aymat wurde in Mataró (Barcelona) geboren. Seine Ausbildung umfasste ein einjähriges Praktikum bei einem lokalen Goldschmied, aber die restlichen Techniken hat er sich selbst angeeignet. Sein Werk umfasst auch Arbeiten in Glas und Balkone aus Schmiedeeisen. Aymat ist stark vom Jugendstil beeinflusst – einer Bewegung, die in seiner Heimat Katalonien und insbesondere in Barcelona sehr präsent war.

„Ich male schon seit meiner Kindheit gern. Bevor ich mit der Arbeit eines neuen Stücks beginne, mache ich eine Zeichnung. Normalerweise verbringe ich mehr Zeit mit dem Zeichnen als mit der Ausführung des Stücks, weil ich den gesamten Prozess schon geistig durchgearbeitet habe. Daher gibt es für mich kein Schmuckstück ohne Zeichnung.“

Txè Aymat werd geboren in Mataró (Barcelona). Zijn opleiding omvatte een jaar praktijk bij een lokale juwelier maar de rest van de technieken leerde hij op autodidactische wijze. Zijn werk omvat ook werken uit glas en balkons uit smeedijzer. Aymat is sterk beïnvloed door het modernisme, een beweging die heel actief was in Catalonië, zijn streek van oorsprong, en vooral in Barcelona.

«Ik heb van kinds af aan altijd graag getekend. Alvorens ik aan een stuk begin te werken, maak ik een tekening. Het duurt gewoonlijk langer om het stuk te tekenen dan om het uit te voeren, omdat ik het proces mentaal al doorlopen heb, daarom bestaat het juweel voor mij niet zonder tekening.»

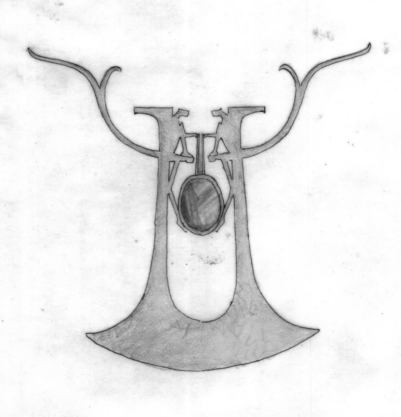

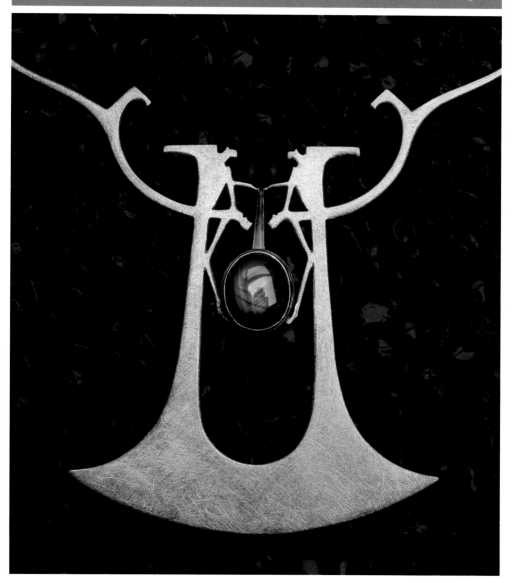

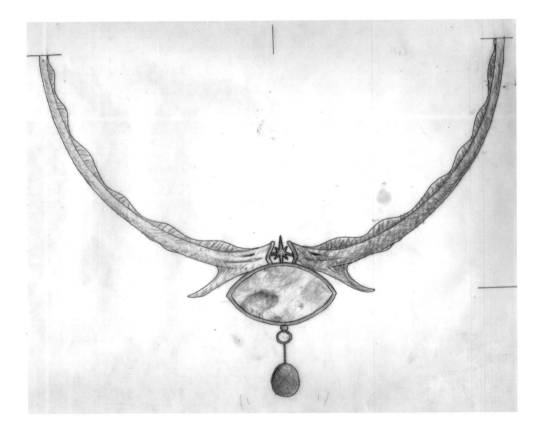

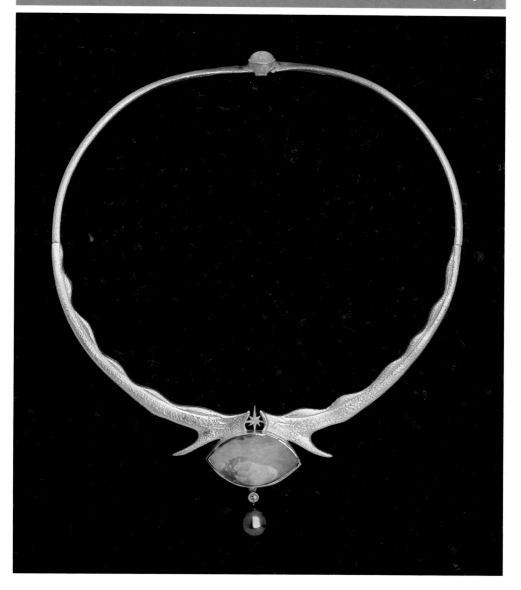

Volker Atrops

Volker Atrops was born in 1965 in Krefeld, Germany. The artist Joseph Beuys was also born there, and Atrops shares his birthday with Buddha and the Belgian singer Jacques Brel. This motivates him whenever he loses faith in himself. In early 1980s, Atrops discovered the jeweler Gabi Dziuba. He was surprised to find that she shared the same taste in music, which aroused his curiosity. Ten years later, he enrolled in the Academy of Fine Arts in Munich. He graduated in 1996 and completed his studies in Amsterdam, Berlin and Halle. Atrops now lives with his wife and daughter in the region where he was born. He runs his parents' boxwood nursery and is learning a local form of pottery dating from the seventeenth and nineteenth centuries.

"Drawing is what I do every day".

Atrops est né en 1965 à Krefeld. L'artiste Joseph Beuys y est né aussi, et Atrops partage son anniversaire avec Bouddha et Jacques Brel. Quand sa foi en lui-même faiblit, cela le motive.
Au début des années 1980, Atrops découvre la bijoutière Gabi Dziuba. Il est abasourdi de constater qu'elle écoute la même musique que lui, et cela le rend curieux. Dix ans plus tard, il intègre l'académie des beaux-arts de Munich. Il obtient son diplôme en 1996 et complète ses études à Amsterdam, Halle et Berlin.
Atrops vit aujourd'hui dans la région où il est né avec sa femme et sa fille. Il dirige la pépinière de buis de ses parents et apprend une forme locale de poterie datant du XVIIe et du XIXe siècle.

« Dessiner est ce que je fais chaque jour. »

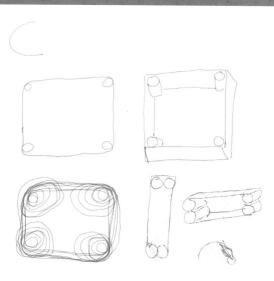

Volker Atrops wurde 1965 in Krefeld geboren, wie auch der Künstler Joseph Beuys. Atrops hat am gleichen Tag Geburtstag wie der Buddha und der belgische Sänger Jacques Brel. Das heitert ihn auf, wenn er niedergeschlagen ist. Anfang der achtziger Jahre las Atrops einen Katalog über die Goldschmiedin Gabi Dziuba und es überraschte ihn, dass jemand die gleiche Musik wie er hörte, was seine Neugierde erweckte. Zehn Jahre später studierte er an der Akademie der Bildenden Künste in München. 1996 machte er sein Diplom und setzte seine Ausbildung in Amsterdam, Halle und Berlin fort. Zurzeit lebt er in seiner Geburtsregion mit seiner Frau und seiner kleinen Tochter. Er leitet die Buchsbaumschule seiner Eltern und lernt gerade eine lokale Töpfertechnik aus dem 17. und 19. Jahrhundert.

„Ich zeichne jeden Tag."

Volker Atrops werd in 1965 geboren in Krefeld; de kunstenaar Joseph Beuys werd ook daar geboren, en Atrops heeft dezelfde geboortedatum als Buda en de Belgische zanger Jacques Brel. Dit vrolijkt hem op wanneer hij zich neerslachtig voelt. In het begin van de jaren tachtig, las Atrops een catalogus over de juwelierster Gabi Dziuba. Het verwonderde hem dat iemand dezelfde muziek beluisterde als hij en hij werd nieuwsgierig. Tien jaar later studeerde hij aan de Academie voor Schone Kunsten in München. Hij behaalde zijn diploma in 1996 en zette zijn opleiding verder in Amsterdam, Halle en Berlijn. Momenteel woont hij samen met zijn vrouw en kleine dochter in zijn geboortestreek. Hij leidt de buxuskwekerij van zijn ouders en is een lokale pottenbakkerstechniek uit de XVIIe en XIXe eeuw aan het leren.

«Tekenen is wat ik alle dagen doe.»

TAUCH (GRAU)
SIEDER

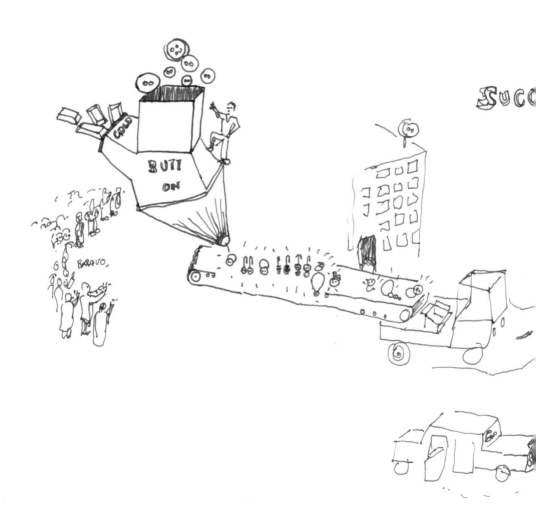

JUNGER

OTTO

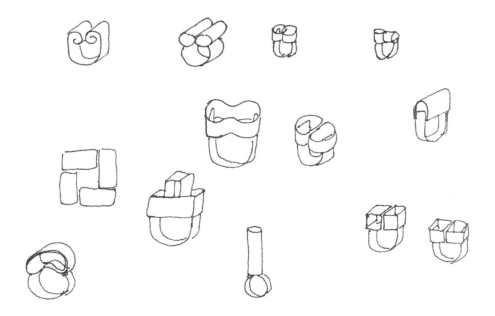